论语精粹

崔久海　刘　杰　编著

中国商业出版社

图书在版编目（CIP）数据

论语精粹 / 崔久海, 刘杰编著. -- 北京：中国商业出版社, 2021.1
ISBN 978-7-5208-1522-2

Ⅰ.①论… Ⅱ.①崔…②刘… Ⅲ.①儒家②《论语》—研究 Ⅳ.① B222.25

中国版本图书馆 CIP 数据核字 (2020) 第 260123 号

责任编辑：管明林

中国商业出版社出版发行
010-63180647　www.c-cbook.com
(100053 北京广安门内报国寺 1 号)
新华书店经销
北京虎彩文化传播有限公司印刷
*
710 毫米 ×1000 毫米　16 开　15 印张　180 千字
2021 年 1 月第 1 版　2021 年 1 月 1 次印刷
定价：49.00 元
****
(如有印装质量问题可更换)

《论语精粹》编委会

主　　任：张波英　严汝合

副 主 任：刘　杰　刘祥军　杨久磊　薛希星　徐田波
　　　　　崔久海

委　　员：克　忱　薄俊怀　程合华　邵明法　贾秀栋
　　　　　陈长亮　曹现成　薄福光　刘振飞　赵　方
　　　　　刘西志　鲁守宝　孙运启　王兴臻　张琳娜
　　　　　张　斌　夏培勇　杜建涛　刘晓东　朱孔军
　　　　　孟祥军　左振硕　鲍　峰　徐恒召　夏召君
　　　　　李关林　韩存山　刘奎华

主　　编：崔久海　刘　杰

副 主 编：赵树巧　葛玉萍　朱成娟　张　鸽　张琳娜
　　　　　王玉洁　王晓伟　张晓玉

编　　委：王兴臻　朱孔军　李世敏　王瑞吉　曾　娜
　　　　　朱现文　季维利　徐　欣

序 言

自西汉以来,一直到新文化运动之前,在中华民族两千多年的历史进程中,《论语》是中国识字人一部人人必读的书。

《论语》是孔子弟子及其再传弟子整理的主要记录孔子言行的语录集。全书共20篇492章,15900字左右,以语录体为主,叙事体为辅,内容丰富,较为集中地体现了孔子的政治主张、伦理思想、道德观念及教育原则等。

作为儒家学派的创始人,孔子倡导的主要思想就是"仁""义""礼""智""信",这些思想都在《论语》中得以彰显和体现。尤其是"仁"这一核心思想,贯穿于他的哲学、政治、教育、文化、伦理和为人处世等主张的多方面,也贯穿于《论语》全书当中。

《论语》记载了孔子思想中许多意义积极、影响久远的信条和理念,例如仁者爱人、有教无类、因材施教和乐学好学等。他的思想以立身为起点,认为立身的首要条件就是具有"君子人格",其具体要求是具备仁爱之心,自重自律;言行一致,表里如一;德才兼备,积极进取;敏而好学,不耻下问;安贫乐道,坚守正义;与人为善,孝老尊亲;注重家庭和社会的伦理关系;构建和谐有序和天下大同的理想社会等。

两千多年来,儒家思想参与了中华民族的心理构建和性格塑造,已经广泛和深入地渗透到炎黄子孙的思想观念和行为举止之中,对中华民族整体民族素质及道德行为产生了巨大和深远的影响。

《论语》是儒家学派的重要经典著作之一,也是中华民族源头性典籍之一,它与《大学》《中庸》《孟子》并称"四书",再加上《诗经》《尚书》

《礼记》《周易》《春秋》，总称为"四书五经"。

当下，学习传统文化既是个人安身立命之需，也是国家文明和谐之需。按此，作者去芜存菁，汇集了原著中具有当代价值和积极意义的部分，将其精编成册，意在弘扬和传承中华优秀传统文化，让更多的人享受文化之熏陶和精神之滋润。

碍于作者能力所限，不足之处在所难免，谨待读者给予审正。

编 者

2019 年 3 月

目 录

学而篇·第一 ··· 1

为政篇·第二 ··· 17

八佾篇·第三 ··· 39

里仁篇·第四 ··· 47

公冶长篇·第五 ··· 65

雍也篇·第六 ··· 77

述而篇·第七 ··· 87

泰伯篇·第八 ··· 99

子罕篇·第九 ··· 109

乡党篇·第十 ··· 121

先进篇·第十一 ··· 125

颜渊篇·第十二 ··· 131

子路篇·第十三 ··· 147

宪问篇·第十四 ··· 157

卫灵公篇·第十五 ··· 171

季氏篇·第十六 ··· 191

阳货篇·第十七 ·· 203

微子篇·第十八 ·· 209

子张篇·第十九 ·· 213

尧曰篇·第二十 ·· 223

参考文献 ·· 230

学而篇·第一

【原文】

1.1 子①曰："学而时②习③之，不亦说④乎？有朋⑤自远方来，不亦乐⑥乎？人不知而不愠⑦，不亦君子⑧乎？"

【注释】

① 子：是古代男子的美称。《论语》中"子曰"的"子"，均用以尊称孔子。

② 时：意为在一定的时候或适当的时候，也可以作按时讲。

③ 习：本义是小鸟反复试飞，练习飞翔，这里是温习、练习、演习、实习之意。演习的是礼乐，复习的是诗书。

④ 说：通"悦"，音yuè，愉快、高兴之意。

⑤ 朋："同门曰朋"，即在同一位老师门下学习的人叫朋。"同志曰友"，相同志趣的人叫友。

⑥ 乐：快乐，与说（悦）有所区别。旧注说，悦是喜在内心，乐则见于色外。

⑦ 愠：音yùn，恼怒，怨恨。

⑧ 君子：《论语》中的"君子"指道德修养高的人，即"有德者"；有时也指职位高的人，即"有位者"。这里指"有德者"，意为有高尚人格的人。

【译文】

孔子说："学到的东西按时去温习和练习，不也很高兴吗？有志同道合的朋友从远方来，不也很快乐吗？人家不了解自己，自己也不生气，不也是君子吗？"

【文义解析】

这是《论语》的首句，它开宗明义，概括了孔子人生理想的三个方面，也是现代人人生的三要务：一是学习能给人带来喜悦，人要以学习为快乐之事。二是学习能让人相互感召，能让人建立深层的交流和沟通，从而能让人更好地交友处世。三是与人相处，不被理解和器重，却依然心无怨尤，淡然面对，这就达到了君子的境界。

名家品评论语

（朱熹）在他著的《语类》中也这样说，明白原文的字面是一件事，体会其意义又是一件事。一般读者最大的弱点就是只了解字表面，而未能把握住书中真正的好处。他又说，读书的正当办法是要费苦心思索。最初，你会觉得如此了解，是要大费思索与精力，但是等你一般的理解力够强大之后，再看完一本书，就轻而易举了。最初，一本书需要一百分精力去读，后来，只需八十、九十分精力就够了，再后只需六十或七十分就够了，最后，以四十、五十分的精力也就够了。把阅读与思索，在求知识的进程上看作相辅相成的两件事，这是儒家的基本教育方法。关于这两种方法，孔子本人也提到过，在《论语》上也有记载。

—— 林语堂《孔子的智慧》

【原文】

1.2 有子①曰:"其为人也孝弟②,而好犯上③者,鲜④矣!不好犯上,而好作乱⑤者,未之有也⑥。君子务本⑦,本立而道⑧生。孝弟也者,其为仁之本⑨与⑩!"

【注释】

① 有子:孔子的学生,姓有,名若。在《论语》中记载的孔子学生,一般都称字,只有曾参和有若称"子"。

② 孝弟:孝,是指孩子对父母的正确态度和合理方式,即尽心奉养和服从父母;弟,音和意均通"悌",是弟弟对兄长的正确态度和合理方式,即敬爱兄长。孝和弟是孔门学问中特别注重的两个道德规范。

③ 好犯上:好,音 hào。犯,冒犯。上,指在上位的人。

④ 鲜:音 xiǎn,少。

⑤ 乱:逆理反常的事。

⑥ 未之有也:倒装句,应为"未有之也"。古代反语句法,当否定句的宾语为代词时,一般将它置于动词之前。

⑦ 务本:务,专心,致力于。本,根本,也有始的意思。

⑧ 道:孔子提倡的"仁"道。

⑨ 为仁之本:以孝悌作为仁的根本。仁,是孔子哲学思想的最高范畴,又是伦理道德的准则。

⑩ 与:即"欤"字,表示疑问的助词,《论语》中的"欤"字均作"与"。

【译文】

有子说:"为人孝顺父母,尊敬兄长,却喜欢触犯上级,这样的人很少。不喜欢触犯上级,却喜欢破坏秩序而作乱,这样的人是没有的。有德行的人,善求事的根本,根本确立了,仁道就由此而产生。孝顺父母,尊敬兄长,就是仁的根本啊!"

【文义解析】

　　孝是孩子对父母的正确态度，弟（悌）是弟弟对兄长的正确态度，有了这些正确态度，就不会在家内犯上，更不会在家外作乱。由此推己及人，建立起父子、君臣、夫妇、长幼、朋友等关系秩序，从而构建起理想的社会伦理秩序，使其健康运行并最终建成和谐社会。仁，是孔学思想的最高境界，也是伦理道德准则，是君子的最终目标。而孝悌就是成仁的根本所在，也是为仁的起点、途径和方法。

　　对于孝的基础性作用，孔子还说："夫孝，德之本也，教之所由生也。身体发肤，受之父母，不敢毁伤，孝之始也。立身行道，扬名于后世，以显父母，孝之终也。夫孝，始于事亲，中于事君，终于立身。"所以说"百善孝为先"。

【原文】

　　1.3 子曰："巧言令色①，鲜②矣仁！"

【注释】

　　① 巧言令色：即满口说着讨人喜欢的话，满脸装出讨人喜欢的脸色。巧，好。令，善。

　　② 鲜：音 xiǎn，少，难得。

【译文】

　　孔子说："花言巧语，装作和颜悦色，这种人很少有仁心。"

【文义解析】

　　仁，是人内心修养的高级境界，一般人难以企及。

许多人不愿在学习上下功夫去达到仁境，而试图通过花言巧语、虚饰色貌来取悦别人。这种人不讲处世原则，只为个人私利而逢迎讨好，丢失了诚实的品格、质朴的精神和本真的态度，违反了为仁的基本要求，这是孔子及其后人一贯反对的。

【原文】

1.4 曾子①曰："吾日三省②吾身：为人谋而不忠③乎？与朋友交而不信④乎？传⑤不习乎？"

【注释】

① 曾子：姓曾名参，字子舆，生于公元前505年，卒于公元前432年，孔子晚年弟子，鲁国人，是孔子的得意门生，以孝闻名。据说《孝经》就是他的著作，他提出了"忠"和"信"的做人标准，也提出了"反省内求"的修养方法。

② 三省：多次反省。

③ 忠：对人尽心竭力。

④ 信：诚实。

⑤ 传：旧注说"授之于师谓之传"。指老师传授给自己的知识学问。

【译文】

曾子说："我每天多次反省自己：替别人办事是不是尽心竭力？同朋友交往是不是诚实可信？老师传授给的知识学问是不是已经温习？"

【文义解析】

在七十二贤中，曾参以注重修身著称。他提出了"反省内求"的修养方法，要求人时常省察和告诫自己，修正自己的言行，保持内心的纯净和行为的端正。这种自我反省的道德修养方式，即使在当今仍是人们"改过迁善"的最好方法。

处理好与他人的关系，并让自己坚持学习，不断增加学问，做到这些，自然可得立身处世之捷径。

名家品评论语

孔子为中国历史上第一大圣人。在孔子之前，中国历史文化已有两千五百年以上的积累，而孔子集其大成。在孔子以后，中国历史文化又复有两千五百年以上之演进，而孔子开其新统。在此五千多年，中国历史进程之指示，中国文化之确立，具有最深影响最大贡献者，殆无人堪与孔子相比伦。

—— 钱穆《孔子传》

【原文】

1.6 子曰："弟子①，入②则孝，出③则悌，谨④而信，泛爱众，而亲仁⑤。行有余力⑥，则以学文⑦。"

【注释】

① 弟子：一般有两种意义：一是指年幼之人。弟系对兄而言，子系对父而言，所以叫弟子。二是指学生。此处取第一种意义。

② 入：古时父子分别住在不同的住处，学习则在外舍。入是指入父宫，进到父亲的住处。"入"相对于"出"，也可以说是在家中。

③ 出：与"入"相对而言，指离家外出拜师学习。

④ 谨：寡言少语为谨。

⑤ 仁：仁德之人。

⑥ 行有余力：行，躬行孝、悌、谨、信、爱众、亲仁。有余力，指有多余的时间和精力。

⑦ 文：指诗书礼乐等文化知识，即以读书为学也。

【译文】

孔子说："年轻人在父母跟前要孝顺，出门在外要尊敬兄长。说话要谨慎，言而有信。广泛地去爱众人，亲近有仁德的人。这些都做到之后，还有剩余的精力的话，就去学习文化知识。"

【文义解析】

这段话说明孔子的教育以道德修养为先，以知识技艺为后。

道德修养的主要内容就是让弟子依次做到孝、悌、谨、信、爱众和亲仁，之后，才去学习文化知识。这样有质有文、文质彬彬，可称君子。

而现在，一部分人思想上重知识与科技而轻文化与道德，导致部分人素质低下、品德欠缺。

名家品评论语

中国的社会结构以家庭为基础,家庭内的父子关系是主轴,其他各种关系均以此为中心。父子关系不但在家庭内发生作用,而且扩及宗族,及至于国家。中国古代的君臣关系,实是父子关系之投射。由此中国背景孕育,中国人的性格因素首先是服从权威的长上,其次是恪守本分。在此家、族、国之结构中,人各有其固定位置及关系,个人无需也不能表现其超越或凌驾于他人之上的才能,故而中国人的性格又偏于保守、不喜变迁及不鼓励个人主义。再进而言之,由于个人始终处于家、族、国之范围内存在,故而易养成所谓"中庸态度"。

——许烺光《祖荫下:中国乡村的亲属、人格与社会流动》

【原文】

1.7 子夏①曰:"贤贤②易③色④;事父母,能竭其力;事君,能致其身⑤;与朋友交,言而有信。虽曰未学,吾必谓之学矣。"

【注释】

① 子夏:姓卜,名商,字子夏,孔子晚年的高足,生于公元前507年。孔子逝后,他在魏国宣传孔子的思想。

② 贤贤：第一个"贤"字作动词用，尊重之意。第二个"贤"字是贤者之意。

③ 易：其解释之一为替代，解释之二为轻视。

④ 色：是人外在所表现出来的容貌姿态，而不是自古以来人们误以为的女色的色。

⑤ 致其身：尽忠、献身。致，奉献，送达，尽力。

【译文】

一个人能尊重贤者而不看重容貌姿态；侍奉父母能够竭尽其力；服侍君主能奉身尽职；与朋友交往，能够言而有信。这样的人，即使他自己说没有学习过，我一定说他有学问了。

【文义解析】

子夏说：人是否有学问，不看他读了多少书和上了多少学，而是要看他的为人处世和品行修为。能够正确处理自己与贤者、父母、君主和朋友这四种关系，就是有学问的人。这样的人，即使没上过学，没学习过，也是个有教养有学问的人。正如《红楼梦》中说："世事洞明皆学问，人情练达即文章。"

名家品评论语

实际上孔子既是礼的继承者，又是礼的改革者，只不过他不像其他激进的改革者那么冒进，采取全盘否定或整个抛弃的方法罢了。他采用的是礼与"仁"结合的方法。本来，礼的主要内涵就是两方面的，一是区分上下、尊卑、亲疏、远近使之有差别；二是协调上下、尊卑、亲疏、远近使之更和谐。前者重在"分"，后者重在"合"，后者的核心就是一个慈爱仁厚之心，只是这一方面没有被足够地认识和适用，而孔子则以"仁"这一概念使后者有了坚实的心理基础，加强了礼的协调功能，使等级森严的宗法制度转向充满温情的人际关系，也使礼的两面功能都得到了充分运用。

——葛兆光《中国经典十种》

【原文】

1.8 子曰："君子不重①则不威。学则不固②。主忠信③。无④友不如己者⑤。过⑥，则勿惮⑦改。"

【注释】

① 重：庄重，自持，厚重。

② 学则不固：有两种解释。其一，固为坚固义，与上句相连，意为人不厚重就不会有威严，学问也不坚固。其二，固为固陋义，意为人学习了才不固陋，四字为完整的一句。

③ 主忠信：以忠信为主。

④ 无：通"毋"，不要。

⑤ 不如己者：指不忠不信的人。

⑥ 过：过错，过失。

⑦ 惮：音 dàn，害怕，畏惧。

【译文】

孔子说:"一个君子,不庄重,就不威严。能学习,就不固陋。行事当以忠和信两种道德为主。不要和不忠不信的人交朋友。有了过错,不要怕改正。"

【文义解析】

本章提出,君子应庄重,才可有威严。人自尊而后人尊之,自重而后人重之,自侮而后人侮之。孔子提倡以文会友,以友辅仁,所以应勤学,不固陋,应高标准择师取友。做事要讲究忠诚和信用,做错了事要勇于改正,从善如流。与此正好相反,"小人之过也必文",即小人一有过失必定会自我掩饰,不思悔改。

名家品评论语

儒家所谓的学问,就是指做人做事的道理。并不是头脑聪明、文学好或知识渊博,这些只是学问的枝叶,不能算是学问的本身。学问的表达在于文学,文学是学问的花朵。这里孔子就讲到学问的花叶和根本:"文,莫吾犹人也。"他说如果谈文学的修养,"莫……"这里的"莫"字不是肯定词,翻译成现代白话,近乎"也许"的意思。就是说,如果谈文学,也许"我"和一般知识分子差不多。至于讲"我"自己身体力行做到了君子这个标准没有,那么"我"自己反省,实在还没有很大的心得。我们从此看到孔子的谦和,这样做学问的态度,非常平实,没有丝毫矫揉造作的迹象。

——南怀瑾《论语别裁》

【原文】

1.11 子曰:"父在,观其①志;父没,观其行②。三年③无改于父之道④,可谓孝矣。"

【注释】

① 其:指儿子。

② 行:音xìng,行为举止等。

③ 三年:古时守孝期为三年,但不是三周年,而是两年零一天。

④ 道:事之原则。本章对父子而言,其道其事,均为家事。如婚、丧、嫁、娶、冠、祭的费用,亲戚故友间的交往,吃饭穿衣的丰俭,逢年过节的仪式等,子因孝心而不忍速改其父生时的习风与原则。

【译文】

孔子说:"父亲在世的时候,要观察儿子的志向。父亲去世之后,要观察儿子的行为。在三年内能不改他父亲生时的行为原则,这也算是孝了。"

【文义解析】

本章说明,为人子者,父亲在时要有正确的志向;父亲去世后,不偏离该志向。按父亲正确的道理行事的人,这也叫作孝。

孝在古代的家族社会中,极其重要。孝亲之礼,是最基本的礼,是贯穿人一生的礼。

【原文】

　　1.14 子曰："君子食无求饱，居无求安，敏于事而慎于言，就①有道②而正③焉，可谓好学也已。"

【注释】

　　① 就：靠近。
　　② 有道：有道德或有学问的人。
　　③ 正：端正，匡正。

【译文】

　　孔子说："君子，饮食不求饱足，居处不求安逸，勤敏地做事，谨慎地说话，接近有道德学问的人来端正自己的言行，这样可算是好学了。"

【文义解析】

　　本章提出了好学的标准和追求的目标。
　　孔子认为，一个君子不应过多地追求饱食、安居等物质享受，而应该追求学习修道，使自己达到君子的境界。其方法就是工作勤敏，言语谨慎，经常接近有道德学问的人来正心、正言、正行、正道，做正人君子。

【原文】

　　1.15 子贡①曰："贫而无谄②，富而无骄③，何如？"子曰："可也，未若贫而乐④，富而好礼者也。"子贡曰："《诗》云：'如切如磋，如琢如磨⑤'，其斯之谓与？"子曰："赐也，始可与言《诗》已矣，告诸往而知来者⑥。"

【注释】

① 子贡：端木赐（公元前520——前456年），复姓端木，字子贡，卫国（今河南鹤壁市浚县）人。孔子的得意门生，孔门十哲之一，以言语闻名，利口巧辞，善于雄辩，办事通达，曾任鲁、卫两国之相。善于经商之道，曾经商于曹、鲁两国之间，富致千金，为孔子弟子中首富。他讲求"君子爱财，取之有道"，为后世商界所推崇，成为中国民间信奉的财神。"端木遗风"就是指子贡遗留下来的诚信经商的风气。

② 谄：谄媚，奉承。

③ 无骄：不骄傲自大。贪者因有求而易谄媚，富者因有恃而易骄慢。骄者易傲慢于人。

④ 贫而乐：一本为"贫而乐道"。

⑤ 如切如磋，如琢如磨：出自《诗经·卫风·淇奥》篇。有两种意思：一是说切、磋、琢、磨分别指对骨、象牙、玉、石四种不同物质进行加工使之成器的工艺技术。二是说加工骨和象牙，切后还得磋，使其更加平滑。加工玉石，琢后还得磨，使其更加细腻，有精益求精的意思。本文中采用第一种解释更为恰当。

⑥ 告诸往而知来者：诸，同"之"。往：所已言的已知之事。来，所未言的未知之事。无谄无骄不如乐道好礼，这是孔子所已言是已知的事。而此诗所讲的是关于学问的功夫，是孔子所未言，是未知的事。子贡聪明地领悟了这些，所以孔子赞扬他可与其言诗。

【译文】

子贡说："贫穷而不谄媚奉迎，富贵而不骄傲自大，怎么样呀？"孔子说："这也算可以了，但是不如贫穷而乐道，富贵而好礼。"子贡说："《诗经》上说：像切呀，磋呀，琢呀，磨呀，不就是这个意思吗？"

孔子说："赐呀！像这样，可以和你谈论《诗经》了。告诉你以往已知的事，你能知道以后未知的事。"

【文义解析】

这段师生的对话，透露了穷人和富人的三种层次：

一是人穷志短，为富不仁，这是最低的层次。

二是贫而无谄，富而无骄，这是可贵的层次。

三是贫而乐道，富而好礼，这是最高的层次。

孔子希望他的学生要正确地对待贫与富的问题，不在意自己物质财富的多寡，而应该达到"贫而乐道，富而好礼"的仁者境界。

名家品评论语

诗意的境界象征着已发展了内在方向感的青年人所具有的热切和激动，用专门的术语来表达这种承诺就叫作"立志"。"立志"按其字面的意思就是"建立自己的志向"，必须要有一个存在的决断，不仅是作为开端而且也是作为持续不断实践的保证，在儒家的文献中这看法被认为是理所当然的。因而，孔子坚决主张"不愤不启，不悱不发"（《论语·述而》）。严格说来，除非一个青年人自觉地去履道，否则就没有一个教师能强迫他去追求道。由于完全意识到特别是在青年人中"未见好德如好色者也"（《论语·子罕》），所以，孔子建议以学诗来引导人们协调他们的基本感情。他认为古典传统中的"诗"除了其他一些作用外，还可以"兴"，可以"群"，可以"观"，可以"怨"。孔子进一步指出，如仔细研读诗，不仅可以学会"迩之事父,远之事君",而且还能学到有关自然现象诸如鸟兽草木等知识。反之,若不学诗就会"其犹正墙面而立与?"(《论语·阳货》)这样他就是简直不能向自我修养实现的方向迈出步履。学诗标志着履道的第一步,且是关键性的一步。

——杜维明《一阳复来》

【原文】

1.16 子曰:"不患人之不己知,患不知人也。"

【注释】

① 患:忧虑。

【译文】

孔子说:"不要忧虑别人不了解自己,而要忧虑自己不了解别人。"

【文义解析】

孔子的学问,是知人的学问,不仅要知道人的个体,而且要知道人的全体,也就是整个社会的伦理规则。

智者不惑,仁者不忧。首先要懂得别人,做到这些以后,也就不担心没人了解自己,不忧愁不能树立好名声,从而能把精力放在提升自己的道德和加强自己的本领上。这就呼应了《论语》第一篇第一章中的话:"人不知而不愠,不亦君子乎?"

为政篇 · 第二

【原文】

2.1 子曰："为政以德①，譬如北辰②，居其所而众星共③之。"

【注释】

① 德：德者，得也。得因行道而获，所得如果为其所固有，就可以称之为德性。

② 北辰：北极星，中国古代称其为天之中心。

③ 共：通"拱"，环绕，拱卫。

【译文】

孔子说："治理政事以道德教化为主，就像天上的北极星，安然处在自己的位置上，群星都环绕着它。"

【文义解析】

古人以北极星代表北极，它位置四时不变，被看作宇宙的中心，天上的星星都环绕着它运行。

孔子提倡德政，认为人应入世为政，目的在于成就道德治化，而不是为了维护政治利益。当政者应是道德楷模，以身作则，率先垂范，为百姓立榜样。这样，从政者就会拥有吸引力、凝聚力和感召力，能使人心归附，天下归顺，就像北极星一样，安处己位而众星环绕。

孔子的"德政"思想，后来成为中国传统历史文化中最高的政治原则。

【原文】

2.3 子曰："道①之以政，齐②之以刑，民免③而无耻；道之以德，齐之以礼，有耻且格④。"

【注释】

① 道：通"导"。有两种解释，一是引导；二是领导、治理。
② 齐：整齐、约束。
③ 免：避免，即免刑，免罚。
④ 格：一是"至，赶上"意。在上位者以道德礼义进行治化，在下位者自感不及，故想赶上在上位者；二是"正"意。在下位者，耻其所不及，心求以在上位者所定的道德礼义标准来纠正自己。

【译文】

孔子说"用政治来领导人，用刑罚来整齐人，人只求免于犯罪受罚，不会有羞耻之心。用道德来领导人，用礼制来整齐人，人人会有羞耻之心，而且也能达到在上位者的目标要求。"

【文义解析】

本章中孔子提出了两种不同的治国方法，这两种方法产生了不同的社会治理效果。

孔子认为，使用刑罚不能从根本上解决问题，它只能使百姓想法逃避犯罪，而不会觉得犯罪是可耻之事。而道德治化要有用得多，它能从根本上解决问题，能在人内心中建立起共同的行为准则和规范，用羞耻之心来衡量判断自己的是非善恶。这样的人内心有操守，在外不犯乱。这两种治国方法，前者是法治，后者是德治。对于两种方法作用的大小，仁者见仁，智者见智，众说纷纭，各不相同。

【原文】

2.4 子曰："吾十有①五而志②于学，三十而立③，四十而不惑④，五十而知天命⑤，六十而耳顺⑥，七十而从心所欲，不逾矩⑦。"

【注释】

① 有：通"又"。古人在整数和小一位的数字之间多用"有"字代替"又"字，表示相加的关系。

② 志：心之所向，心所欲往。一心指上目标且能持之以恒，不懈努力。

③ 立：站立，这里是"站得住"的意思。指能够立身处世，是孔子进学的第一层次。

④ 不惑：因掌握了学问而不被外界事物所迷惑。在学有所立之后，是孔子进学的第二层次。

⑤ 天命：人的天然之命运和天赋之使命，是人生一切理所当然的职责和道义，是孔子进学的第三层次。

⑥ 耳顺：对外界相异和相反的言论，听到之后不感到逆耳，是孔子进学的第四层次。

⑦ 从心所欲不逾矩：从，遵从的意思；也有作"纵"字的，意思为"放纵"。矩，规矩。这是孔子进学的第五层次。

【译文】

孔子说："我十五岁时，有志于学问。三十岁时，能处世自立。四十岁时，拥有了学问，对一切道理不再迷惑。五十岁时，知道什么是天命。六十岁时，对于别人的言语，不再感到逆耳不顺。七十岁时，便随心所欲，念头也不会逾越规矩了。"

【文义解析】

这是孔子的传世名言，也是关于他终身学习和修养过程的概述。

这一过程，是个随着年龄的递增，学问道德境界渐次提高的过程。共分为六个阶段：一是十五岁立志学习，立志做学问；二是三十岁时思想能够独立，人可以在社会上立足；三是在四十岁时拥有了价值判断力，能判断是非善恶；四是在五十岁时能够认识自然的规律和天赋的使命；五是在六十岁时听到外界一切声音不再大惊小怪；六是七十岁时能够做到主观意识和做人规则相容不悖，此时，学问道德修养达到了人生巅峰。

孔子的道德学问修养过程，不是一天两天的事，更不是一蹴而就的事，而是逐渐进步、坚持不懈、终身学习的事。孔子的这段话，时至今日，仍可以作为我们的人生指导原则。

【原文】

2.5 孟懿子①问孝。子曰："无违②。"樊迟御③，子告之曰："孟孙问孝于我，我对曰：'无违'。"樊迟曰："何谓也？"子曰："生，事之以礼④；死，葬之以礼，祭之以礼。"

【注释】

① 孟懿子：鲁国大夫，氏仲孙，名何忌，"懿"是其谥号。父亲孟僖子死前嘱咐他要向孔子学习，是孔子早期的弟子。

② 无违：不违背礼。

③ 樊迟御：樊迟，名须，字子迟，孔子弟子，小孔子46岁。御，驾车。

④ 生，事之以礼：生，和下句中的"死"都是表示时间的节缩语，故自成分句，意为"生时"。事，侍奉。

【译文】

孟懿子问什么是孝道。孔子说："不要违背礼节。"

不久，樊迟为孔子驾车，孔子便告诉他说："孟孙问我孝道，我答复他说，不要违背礼节。"樊迟说："这是什么意思？"孔子说："父母生时，依规定的礼节侍奉他们。死了，依规定的礼节安葬他们，祭祀他们。"

【文义解析】

"孝"是孔子的重要思想，孔子把它看成为人的根本，也是为政的根本。

本章中的孝，就是无违于礼。孔子认为父母无论在世还是去世，人们都得尽孝，同时还不应违背礼的规定。他认为属于家庭伦理范畴的孝道不能超越作为政治原则的"礼"的规定，前者应受到后者的约束。

百善孝为先。有子说："孝弟也者，其为仁之本与！"《孝经》中说："子曰：'夫孝，德之本也，教之所由生。'"孟子说："尧舜之道，孝悌而已。"这些话都强调了孝的本质内容和重要意义。

名家品评论语

孔子思想的统一，是由具体生命性的展开、升华的统一，展开、升华中的层级性。这不是逻辑推理的线状系统，而是活跃着生命的立体系统。所以《论语》在形式上很散漫的语言，只要深入进去，便可发现彼此间内在的密切关联，这即是孔子思想的有血有肉的统一与系统的有机体。

—— 徐复观《向孔子思想性格的回归》

【原文】

2.6 孟武伯问孝。子曰："父母唯其疾之忧。"

【注释】

① 孟武伯：孟懿子的儿子，姓孟孙，名彘，谥号"武"。

② 唯其疾之忧：钱穆先生总结先贤所著，认为此句有三解：一是父母爱子，无所不至，即使在无其他忧虑时，也常担忧孩子偶患疾病。子女能体会父母此心，于日常生活中加以谨慎，惜念己身，这就是孝。二是子女常以谨慎持身，使父母只担心忧愁他们的疾病，其他没有可让父母担忧的。三是子女诚心孝其父母，或用心过甚，转使父母不安，故为子女者，唯当以父母之疾为忧，其他不宜过心操劳。

【译文】

孟武伯问怎样是孝道。孔子说："让你的父母只忧愁你的疾病。"

【文义解析】

《孝经》开宗明义第一："身体发肤，受之父母，不敢毁伤，孝之始也；立身行道，扬名于后世，以显父母，孝之终也。"这句话中的"孝之始"之内容，就是明白父母担心儿女身患疾病，所以做儿女的能保持身体的健康，就不会让父母担心，这就是尽孝。知道保持身心健康是孝，而不敢毁伤身体发肤，从另一方面看，也是具有责任心的表现。

【原文】

2.7 子游①问孝。子曰："今之孝者，是谓能养②。至于犬马，皆能有养③。不敬，何以别乎？"

【注释】

① 子游：姓言，名偃，字子游，孔子晚年弟子，吴人，小孔子四十六岁。

② 是谓能养：孔子谓世俗皆以能养老为孝。

③ 至于犬马，皆能有养：这一句有两解，一说是犬马也能养人，此说嫌及曲解，因犬马由人役使，不能服侍人。另一说是犬马也得人之养，今从第二说。至于，谈到，讲到的意思。

【译文】

子游问什么是孝道。孔子说："现在的人，只认为能养活父母就算是孝了。至于犬马都能得到人的饲养。没有对父母一片孝心，那养活父母和饲养犬马怎样去分别呢？"

【文义解析】

本章说明孝不单单是一种行为，更重要的是要有一颗孝敬的心。

孝不仅是养，更重要的是敬，只养而不敬，不叫孝。父母不仅需要物质食粮的满足，而且更需要精神食粮的丰富。孝，就是最好的精神供给，所以做子女的要注重在内心情感方面多孝顺父母，多去了解父母的心思，多去尊重父母的意愿。只有这样，才是真正的孝敬父母。毕竟，赡养父母不同于饲养犬马。

【原文】

2.8 子夏问孝。子曰："色难①。有事，弟子②服③其劳；有酒食④，先生馔⑤，曾⑥是以为孝乎？"

【注释】

① 色难：这句话有两说。一说是子女侍奉父母，以能够和颜悦色为难。人的脸色，就是他的内心真情的流露，色难乃是心难。这里指的是孝子之脸色。二说是指难在承望理解父母之颜色。《小戴记·曲礼》有云："视于无形，听于无声。"就是说能在无形无声中见父母之脸色而知父母之心意，才为孝。

② 弟子：指晚辈，子女等年幼者。下句的"先生"指父兄等长者。

③ 服：操执。

④ 食：旧读 sì，现读 shí，食物。

⑤ 馔：音 zhuàn，吃喝。

⑥ 曾：音 céng，副词，竟，乃。

【译文】

子夏问怎样是孝道。孔子说："子女在父母面前常有愉悦的容色，是件难事。有事情，由年幼者操劳；有了酒食，让年长的先吃，难道这就是孝了吗？"

【文义解析】

本章再次强调，真正的孝不光是孝行，更重要的是孝心。

只有当儿女的内心真正充溢敬重时，才能在脸上表现出和颜悦色。《礼记·祭义》中说："孝子之有深爱者必有和气，有和气者必有悦色，有悦色者必有婉容。"可见子女如果内心不敬，说话不恭，脸色难看，也不算孝。

名家品评论语

儒学是从"孝悌"观念出发来实行社会教化的。父母对于子女的爱可以说是发自本性的自然之爱,人在父母养育下长大,也自然产生对父母的爱敬之心。儒家昭示这种爱敬之心,显发之,扩充之,强化之,使之形成一种根深蒂固的观点和情感。道德规范要求是自觉的、长久有效的信念,如果少时灌输的思想和道德观念,长成后就抛置脑后,那就是教化的失败。因而儒学始终抓住"孝"的观念,把它贯彻于人的一生。"孝"的观念牢固确立,可以帮助其他道德规范的确立,因为自己的身体是父母所遗,寄托着父母的殷殷期望,因而自爱自重,不辱没父母,也就理应当成为"孝"的准绳。如果人们说,亏得某人生了这样的儿子,这就可谓大孝。反之,如果"事君不忠""莅官不敬""朋友不信""战阵无勇"等,为父母带来恶名,那就不能称作孝。

——姜广辉《儒学的道德精神及对它的现实思考》

【原文】

2.11 子曰:"温故而知新①,可以为师②矣。"

【注释】

① 温故而知新:温,温燖。燖,用火烧热。后人称急火为煮,慢火为温。此处为温习义。故,有两种意思:一是原来的,过去的所闻所知为故,现在获得的新知新悟为新;二是典故故事,先前的史事经

典等就属于该范畴。

② 为师：因温习旧知识而获得新知和心得，就是会学，会学就会教，就可以为师。

【译文】

孔子说："温习旧知识，能得到新知识，就可以做老师了。"

【文义解析】

"温故而知新"是孔子提倡的教学方法，对我国现行的教育方法做出了重大贡献。

温习以前学过的知识，可以学得新的知识，这种学习方法体现了"学习"这一人的重要智力活动的本质规律：人的认识是从低级到高级、由简单到复杂、由单点到全面的过程。

知识需要温故，要以过去所学为基础。温故就能知新，能把握内在规律，创见新知。

孔子说子贡能"告诸往而知来者"，就可算是温故而知新。

【原文】

2.12 子曰："君子不器。"

【注释】

① 不器：器，器具，具有某一特定功能而被专用，但不能通用。不器不是说不中用，而是说要成为通才，博学多能。

【译文】

孔子说:"君子不像器具一般(只有某一种特定的用途)。"

【文义解析】

未成器、成小器、成大器、不器,这是人成长的四个阶段。

君子不器,是因为君子追求至德要道,身负齐家、治国、安邦、平天下之重任,不能作为只有单一功能的器具,而是应当心胸开阔、海纳百川、博学多才,是能包容天下、总览全局、无所不适的仁道之人。

【原文】

2.13 子贡问君子。子曰:"先行其言而后从之①。"

【注释】

① 先行其言而后从之:也可以这样断句:先行其言,而后从之。

【译文】

子贡问怎样做才是一个君子。孔子说:"君子行事在说话前,然后才照他说的做。"

【文义解析】

本章讲言与行的关系,强调重行轻言是做人的基本要求之一。

做君子,不能言而无信、言而不行,而应该言行一致,先做后说,只有这样才能赢得别人的信任。

孔子教育有方,讲究"因材施教"。子贡能言善辩,口才出色,孔子教他先行后言,避免出现言过其实的错误。孔子还说过"敏于事而慎于言"，也是先行后言、重行轻言的道理。

【原文】

2.14 子曰："君子周①而不比②，小人比而不周。"

【注释】

① 周：团结。是出于公心。
② 比：音bì，勾结。是出于私心。

【译文】

孔子说："君子团结而不勾结，小人勾结而不团结。"

【文义解析】

本章中，君子和小人成对反关系出现，提出了君子和小人的区别：君子为"周"，是为公，凡事从整体考虑问题，顾全大局，心系大家；小人为"比"，是为私，凡事从自身考虑问题，只顾自己，心无他人，没有大局意识和整体观念。

孔子还说君子"矜而不争，群而不党"，与此章意思近似。

【原文】

2.15 子曰："学而不思则罔①，思而不学则殆②。"

【注释】

① 罔：迷惘。
② 殆：疑惑，也有危险的意思。本译文取前者。

【译文】

孔子说："只是向外学习，而不用心思考，就会迷惘；只是去思考，而不向外面学，那又迷惑了。"

【文义解析】

本章讲的是学与思的关系，强调要学思结合，这是孔子关于学习方法的名言之一。

只学不思，将使人拘泥刻板，失去自己，没有真正的收获和发现；只思不学，如同闭门造车，白费精力，最终也会一事无成。只有将学习与思考紧密结合，才能成为有学识、有思想、有成就的人。

孔子还说："吾尝终日不食，终夜不寝，以思，无益，不如学也。"此中也蕴含了学思结合的道理。

名家品评论语

此章言人之为学当如是也。盖学莫先于立志，志道，则心存于正而不他；据德，则道得于心而不失；依仁，则德性常用而物欲不行；游艺，则小物不遗而动息有养。学者于此，有以不失其先后之序、轻重之伦焉，则本末兼该，内外交养，日用之间，无少间隙，而涵泳从容，忽不自知其入于圣贤之域矣。

——朱熹《论语集注》

【原文】

2.17 子曰:"由①!诲女②,知之乎!知之为知之,不知为不知,是知③也。"

【注释】

① 由:仲由,字子路,孔子早年弟子。卞(故城在今山东省平邑县东北仲村)人,比孔子小九岁。

② 诲女:诲,教。女,通"汝"。

③ 知:智慧。

【译文】

孔子说:"由!我教你怎么样算是知道吧!知道就是知道,不知道就是不知道,这就是聪明智慧。"

【文义解析】

本章中的"知之为知之,不知为不知,是知也",也是孔子的传世名言。他提出了做学问的正确态度:实事求是。

文中的孔子"因材施教",针对子路莽撞浮躁的缺点,有的放矢地教育他要务实谦虚,脚踏实地,不能一知半解,不懂装懂。

【原文】

2.18 子张①学干禄②。子曰:"多闻阙疑③,慎言其余,则寡尤④。多见阙殆⑤,慎行其余,则寡悔⑥。言寡尤,行寡悔,禄在其中矣。"

【注释】

① 子张：姓颛孙，名师，字子张，孔子晚年弟子，陈人，小孔子四十八岁。

② 学干禄：学，问。干，求。禄，旧时官吏的俸给。干禄就是求仕。

③ 阙疑：阙，通"缺"，放置一边。疑，怀疑，不可信者。

④ 寡尤：寡，少。尤，罪过，由外来。

⑤ 殆：心中感到不安者，没有把握确定。

⑥ 悔：悔恨。由心生，和注释④的"尤"由外来正好相反。

【译文】

子张问如何求仕。孔子说："多听，有怀疑的地方，把它放在一边，其余的谨慎地说，就能减少过错。多看，有觉得不安的地方，把它放到一边，其余的，也要谨慎而行，就能减少悔恨。说话少过错，行事少悔恨，谋求禄仕之道，就在这里面了。"

【原文】

2.19 哀公①问曰："何为则民服？"孔子对曰②："举直错诸枉③，则民服；举枉错诸直，则民不服。"

【注释】

① 哀公：鲁国国君，姓姬，名蒋，定公之子，在位二十七年（公元前494—公元前468年），哀是他的谥号。

② 对曰：《论语》中记载臣下对答君上的问话都用"对曰"，用来表示尊敬。这里是孔子答复鲁君之问，故用"对曰"。

③ 举直错诸枉：举，选拔。直，正直。错，通"措"，放置。诸，"之于"二字的合音。枉，邪曲，不正直。

【译文】

鲁哀公问："怎样做才能使民众服从呢？"孔子对道："把正直的人提拔上来，放在邪曲的人之上，民众就服从了；把邪曲的人提拔上来，放到正直的人之上，民众就不服从。"

【文义解析】

本章主要讲用人之道，要让正直之人在曲枉之人的上边，而不是相反。

为政以德，首要任务在于保证整个社会的公平与正义。通过荐举贤才，让正直的人在正确的位置上，让他们保证法律法规得以执行，道德规范得以维护，从而保障和促进社会的公平正义。这样不仅能使正直的人归服，而且也能使曲枉的人服从。

从"任人唯亲"到"任人唯贤"，孔子推进了古代中国选任标准的重大进步，这种做法至今依然广受推崇。

名家品评论语

孔子认为所谓把社会建造好了，其中分子不会不好，但是怎样才能把社会建造好呢？照孔子的理想便是"礼"。假若社会上有一种"礼"的文化，所有分子都服从"礼"，那么，各个人便都是好的了。孔子一生的事业在"礼"上。从他小时候的游戏"陈俎豆设礼容"，到他壮年发表政治理想在"君君、臣臣、父父、子子"，一直到他政治活动失败了，定礼乐，作为他那"礼的设计"之最后修订；著《春秋》，作为他那理想社会中"礼的制裁"之寄托，在他这栖栖惶惶的七十三岁的生涯中，哪一天忘了"礼"？传说中的孔子适周见老子，不是为问"礼"么？司马桓魋所拔了的树，不也是孔子与弟子习"礼"于其下的么？在孔子死后三百多年，为司马迁所低回留之而不能去的，不也是因为见了孔子庙堂中的车服礼器，并诸生以时习"礼"其家么？

—— 李长之《李长之批评文集》

【原文】

2.22 子曰："人而无信，不知其可也。大车无輗①，小车无軏②，其何以行之哉？"

【注释】

① 大车无輗：大车，牛车，常用于重载，拉货。车两旁有两长杠，叫辕。在两辕端缚一横木，叫衡。一曲木缚横木下，叫軶。牛颈套在曲木下，可使牛舒适。联结辕与衡的接榫状木销叫作輗（ní）。

② 小车无軏：小车，马车，常用于轻乘，载人，驾四马。轻车只在车前中央有一长杠，叫辕。辕头与横木（衡）的凿孔相对，有一接榫状木销贯穿其中，这就是軏（yuè）。軏和輗分别是马车和牛车上的核心部件，没有它们，作为动力系统的马牛和作为承载系统的小、大车将两相分离，车子也就不能前行。

【译文】

孔子说："人如果不讲信誉，真不知他怎么可以。譬如大、小车的辕木和横木之间，没有了接榫木销，怎么能行驶呢？"

【文义解析】

本章意在说明，人与人之间建立关系的基础是信。

在《论语》一书中，信有两种意思：一是信任，即赢得别人对自己的信任；二是信用，即对人讲信用、有信誉。

信与仁、义、礼、智四者组成"五常"，是儒家提倡的五种传统伦理规范。其中，信是人立足社会、为人处世的基石。

名家品评论语

孔子说："人而无信，不知其可也。大车无輗，小车无軏，其何以行之哉？"（《论语·为政篇第二》）是说一个人如果不讲信誉，好像马车上没有驾驭牲畜的关键，是完全不行的。他告诫学生，要行事通达，首先要做到忠信笃敬，这几个字被学生奉为座右铭。"子张问行。子曰：'言忠信，行笃敬，虽蛮貊之邦，行矣。言不忠信，行不笃敬，虽州里，行乎哉？立见其参于前也，在舆则见其倚于衡也，夫然后行。'子张书诸绅。"（《论语·卫灵公篇第十五》）当子张问他如何提高道德时，他又说："主忠信，徙义，崇德也。"（《论语·颜渊第十二》）他的最高道德理想——仁，自然也包涵了信的内容。"子张问仁于孔子，孔子曰：'能行五者于天下为仁矣。'"子张进一步问是哪五者，子曰："恭、宽、信、敏、惠。恭则不悔，宽则得众，信则人任焉，敏则有功，惠则足以使人。"（《论语·阳货篇第十七》）孔子还说："克己复礼为仁，一日克己复礼，天下归仁焉，为仁由己，而由人乎哉？"（《论语·颜渊篇第十二》)所谓"克己复礼",是约束自己的行为,这是孔门修己安人的重要内容。

—— 李铭起《论孔子的"信"》

【原文】

2.24 子曰:"非其鬼①而祭之,谄②也。见义③不为,无勇也。"

【注释】

① 鬼:鬼者,归也。本意指人去世之后的归宿,本文的解释有二:一是指已死去的祖先;二是指鬼神,因迷信而生。

② 谄:音chǎn,谄媚,阿谀。

③ 义:义者,宜也,人之所该为。

【译文】

孔子说:"不是自己应该祭祀的鬼神而去祭祀他,这是谄媚。见到你应该做的事而不做,就是没有勇气。"

【文义解析】

义和仁、礼、智、信四者组成"五常",是儒家提倡的最高伦理规范,是人立身处世的基本要求之一。

勇,是勇敢,是英勇,它需要符合礼,才是真正的合适的勇,否则就走向反面成为"乱"。故孔子说:"勇而无礼,则乱""好勇不好学,其蔽也乱",就是这个意思。

义，就是所宜为，符合仁、礼的要求的，就是义。见宜而不为，就为无勇，易生乱。

名家品评论语

孔子对传统宗教的态度的进步一方面比较清楚地表现在他对于鬼神的态度。他对于鬼神是否存在，持怀疑态度。他的学生子路向他问鬼神，他说："未能事人，焉能事鬼？"子路又向他问死，他说："未知生，焉知死。"（《论语·先进》）他又说："敬鬼神而远之，可谓知矣。"（《论语·雍也》）从这些话里，可见他是肯定人生，注重现实生活的。他认为迷信鬼神，就是不智，就是愚。但是他对于"丧""祭"礼还是照旧重视，认为是不可改变的。他一方面"不语怪力乱神"（《论语·述而》），一方面说："祭如在，祭神如神在"（《论语·八佾》）、"所重民、食、丧、祭"（《论语·尧曰》）。"丧礼"是有关于鬼的，"祭礼"是有关于神的。鬼神可以不存在，但是与原来宗教有关的丧祭礼，仍要原封保存，照他来说这是对人的一种教育。他的学生曾子说："慎终追远，民德归厚矣。"（《论语·学而》）在这一方面，孔子也是在旧框子中，加上新内容。

——冯友兰《论孔子》

八佾篇 · 第三

【原文】

3.1 孔子谓季氏①："八佾②舞于庭，是可忍也，孰不可忍也？"

【注释】

① 季氏：鲁国大夫季孙氏，鲁国三大权臣之一。

② 佾：音 yì，行列。古代舞者以八人为一列，一列就是一佾。八佾就是八列，共六十四人，只有天子才可以享用。诸侯六佾，大夫四佾，士二佾。因周公在建周时有巨大贡献，受到了周成王的特殊礼遇，允其后世用天子规格祭礼周公。

③ 忍：忍心，狠心。

【译文】

孔子谈到季氏，说："他用天子才用的六十四人在庭院中奏乐舞蹈。这样的事，他都忍心做得出来，还有什么事，他不忍心做呢？"

【文义解析】

本章说明孔子具有不畏权势的勇气和坚持理想的原则。

季氏是鲁国权臣，掌握鲁国大权，按当时的礼制规定，他只能用四佾的舞队规格，而他却越礼使用了八佾的规格。孔子对此极为愤慨，说出了"是可忍也，孰不可忍也"这句话，表现出他不畏权势的性格和对恢复周礼这一理想的坚持。

【原文】

3.7 子曰："君子无所争。必也射①乎！揖让②而升，下而饮。其争也君子。"

【注释】

① 射：射箭，此处指大射之礼。大射礼是当时的天子、诸侯大夫等贵族阶层用以选拔善射之士而升进使用之礼。赛时两人一组，相互作揖致敬后登堂比射，赛后又作揖致礼而退下，中靶多者胜出，中靶少者即饮酒受罚。

② 揖让：揖，拱手行礼。让，古借作攘。揖攘皆举手义，示对方以尊重。

【译文】

孔子说："君子没有什么可与人相争的。如有，一定是比箭吧！比射时，相互作揖后到堂上比赛。射箭结束，又相互作揖走下堂来。最后作揖饮酒。这样的争，是君子之争呀！"

【文义解析】

"礼"和"仁、义、智、信"共同组成五常，是孔子非常重视的伦理道德规范之一。他认为"礼"是对"仁、义"的具体规定，"礼"修饰下的君子应为文质彬彬、谦逊有礼。

儒家讲究秩序和原则，提倡公平正义与合理竞争，反对无序竞争和不正当竞争，要求一切行为均要合乎礼的规定。射是古代贵族的必备技能之一，在比赛时也受到"礼"的制约。射礼在堂上举行，在走上堂和走下堂时，双方都会揖让作礼，无论谁胜谁负，比赛之后均饮酒作乐，这就是"君子之争"。

名家品评论语

"君子"是以"中庸"为指导思想的,"小人"或"乡愿"是按反中庸的折中主义行事的。"中庸"是通过"和"来"执两用中"的,而这个"中"又表现为"时中";"反中庸",大概是通过"同"来得其所中的,因而"肆无忌惮"。中庸者"能好人,能恶人"(《里仁》),因而"乡人之善者好之,其不善者恶之"(《子路》);反中庸者"同乎流俗,合乎污世",因而"一乡皆称愿人焉"。可见,中庸是有原则的,反中庸是无原则的;中庸是克己复礼的,反中庸是克己谀人的;中庸是和而有节(或"和而不流")的,反中庸是知和而和(或"和而流")的。如果说反中庸也有原则的话,那么它的原则在人,而中庸的原则在己;它的原则在"利",中庸的原则在"义";它的原则在"得",中庸的原则在"安";它的原则在效果,中庸的原则在动机。这正是正、反中庸的根本区别,也是孔子告诫弟子"为君子儒,毋为小人儒"(《雍也》)的理论根据。

——庞朴《论孔子的思想中心》

【原文】

3.15 子入太庙①,每事问。或曰:"孰谓鄹人之子②知礼乎?入太庙,每事问。"子闻之,曰:"是礼也。"

【注释】

① 太庙：开国的君主叫太祖，太祖的庙叫太庙。周公旦因在周朝初立时有特殊贡献，成为鲁国最先受封的国君，被鲁国尊称为太祖，其庙为太庙。

② 鄹人之子：为孔子。孔子生于鲁国昌平乡陬邑，其父叔梁纥曾做过鄹邑大夫，按古时习惯被称为"鄹人"。鄹，音zōu，又作陬，地名，今山东省曲阜市东南方向的尼山镇鲁源村。

【译文】

孔子到了太庙，每件事情都要发问。有人便说："谁说鄹邑大夫的这个儿子懂得礼呢？他到了太庙，每件事都问。"孔子听到了这话，便说："这正是礼呀！"

【文义解析】

此时的孔子已由于熟知周礼而闻名，但是人们对于他在太庙向人询问礼节的事而对他表示质疑和嘲讽。孔子对此不以为耻，而是冷静的解释说仔细询问就是礼。孔子这种事无巨细、每事必问的做法说明了孔子为学做人不耻下问、严谨谦逊的精神，也体现了他对祭祀大典的严肃持重、真诚恭敬的态度。

【原文】

3.19 定公①问："君使②臣，臣事③君，如之何？"孔子对曰："君使臣以礼，臣事君以忠。"

【注释】

① 定公：鲁国国君，姬姓，名宋，鲁襄公之子，哀公之父，昭公之弟，继昭公而立，公元前509-前495年在位，"定"是谥号。

② 使：使唤。

③ 事：奉事。

【译文】

鲁定公问："君主使唤臣子，臣子奉事君主，各应该怎么样？"孔子答道："君主应该按照礼节使唤臣子，臣子应该用忠心奉事君主。"

【文义解析】

本章阐述了君与臣相处的合理方式：君主要依礼役使臣属，臣属要忠心侍奉君主。

君臣相待，当各安其道。礼是一种外在约束，忠是一种内在约束。君应当以礼待臣，凡事按法纪和规矩而行，不能朝令夕改，肆意而为。如果高高在上，目中无人，只会让自己难以服众。臣应当真诚侍奉君主，做到忠心耿耿，尽职尽责，不能欺上瞒下，违心做人。这样君臣依道而行，则纲制不乱，政治清明。

里仁篇 · 第四

【原文】

4.1 子曰:"里①仁为美,择不处仁②,焉得知③?"

【注释】

① 里:名词,邻里。在周代,五家为邻,五邻为里。这里是居住的意思。

② 处仁:居仁里仁。处,音chǔ,居处。

③ 知:通"智"。

【译文】

孔子说:"人能居于仁道中,是最美的了。如果择身所处而不择于仁道,怎能说是智慧呢?"

【文义解析】

孔子提倡居必择仁。

既重视对居住环境的选择,又重视对朋友邻居的选择,这关乎个人的教育和修养。"孟母三迁","近朱者赤,近墨者黑",说的均是这个道理。

判断与决策足以考验人的智慧,选择不同,结果不同。"至道不难,惟在拣择",这句话极为准确。

【原文】

4.2 子曰:"不仁者,不可以久处约①,不可以长处乐。仁者安仁②,知者利仁③。"

【注释】

① 约：穷困。

② 安仁：安于仁道。

③ 利仁：从仁中得利。也可以说，觉得仁对自己有利而去实行仁。

【译文】

孔子说："不仁的人，不可以长久地处在穷困中，也不可以长久地居于安乐中。仁者能从仁中得到安宁，智者知道仁对自己有利而去实行仁。"

【文义解析】

仁，是人内心精神的最高境界，孔子突出地强调了做人要以仁为本的思想。

仁者宅心仁厚，无论贫富，都毫不在乎，不会因身处贫困而为非，也不会因身居富贵而骄溢。不仁之人，则难以如此。

【原文】

4.3 子曰："唯仁者能好①人，能恶②人。"

【注释】

① 好：喜爱。

② 恶：音wù，憎恶，讨厌。

【译文】

孔子说："只有仁德的人才能够喜爱某人，厌恶某人。"

【文义解析】

孔子非常重视"仁"。"仁"字是《论语》中的高频词汇，共出现 105 次之多。

孔子认为仁人就是完人，是真正的君子，是大公无私的人，所以能真正地知道好恶，正确地选择爱恨。不仁之人，心存私欲，心之所好，不是真好；心之所恶，不是真恶。于是顾虑、矛盾和苦痛由此而生。

所以，后来孟子说："仁，人之安宅也；义，人之正路也。"

【原文】

4.5 子曰："富与贵，是人之所欲也，不以其道，得之不处①也。贫与贱，是人之恶也，不以其道，得之不去②也。君子去仁，恶乎③成名？君子无终食之间违仁，造次④必于是，颠沛⑤必于是⑥。"

【注释】

① 处：安住。
② 去：违背，离开。
③ 恶乎：恶，音 wū，怎样，何以。
④ 造次：匆促，急遽。
⑤ 颠沛：颠仆，困顿。
⑥ 是：仁。

【译文】

孔子说："富与贵，是人人想得到的，不用正当的方法得到它，君子不安处此富贵。贫与贱，是人人所厌恶的，不用正当的方法脱离它，君子不摆脱此贫贱。君子违离了仁德，怎样成就他的名声呢？君子不会有吃一顿饭的时间离开仁德，在匆促急遽的时候和仁德同在，在颠仆困顿的时候也和仁德同在。"

【文义解析】

《论语》最重视讲"仁"。认为人之仁心，得自天赋，自然有之。由此推知，人生的困难，不是求仁之难，而是安仁而不去之为最难。所以说，人心之不仁，得之不难，去之很易。

真正的君子，安仁守义是其本色，能在富贵和贫贱面前依然安于仁而不去仁。他们得富去贱，义为之先，贫而乐道，富而好理，仁义相辅相成，好名声不请自来。

【原文】

4.8 子曰："朝闻道，夕死可矣！"

【译文】

孔子说："早晨得知真理，即使当晚死去，都可以。"

【文义解析】

孟子说："饱食暖衣，逸居而无教，则近于禽兽。"有教而得知，得知而明"道"。人之所以有别于动物，在于人类能认识世界，掌握自然规律，并用其为人服务，这就是人生之大道。因此，"闻道"就非常重要。

人固有一死，死无法预知，也可能随时到来。有的人明白了宇宙的真理、社会的规则、生命的真谛和人生的意义，就是闻道知道的人，即使朝闻夕死，也不枉此生。有的人求生而不闻道，纵使长命百岁，也是白走一遭。

名家品评论语

"君子"是"道德之称"，儒学也一向被视为"君子"的"成德"之学。这一看法自然是有坚强的根据的。但问题在于"成德"的意义究竟何指。若专指个人的"见道"、"闻道"、"悟道"、"修道"等"内转"方面而言——虽然确是儒学的始基所在——则不免往而不返，"君子"的循环圈亦将由此而中断。故"君子"必须往而能返，层层"外推"，建立起人伦道德的秩序，才算尽了"修己以安百姓"的本分。

——余英时《儒家"君子"的理想》

【原文】

4.9 子曰："士志于道①，而耻恶衣恶食者，未足与议也！"

【注释】

① 道：真理，人生大道。

② 士：西周时期，贵族阶层可分为四级，分别为诸侯（国君）、卿、大夫、士。整个社会人群分为士、农、工、商，称为四民。"凡习文武者为士"，到春秋末期，士成为知识分子的统称。

【译文】

孔子说:"一个士,有志于道,却又以穿破衣、吃粗粮为耻辱,便不值得同他议道了。"

【文义解析】

孔子是中国历史上以平民身份成功开办私学的第一人,他给了士崇高的志向和追求。

他的教育目的,在于使学生闻道、明道直到行道,而不是让学生谋取官位。即使有人由此取得官位,也将借此以行道,而不是为谋求个人功名利禄和生活安富尊荣,所以,孔子必先教弟子立志于道,永存道心。事实上,真正有道心的人,追求不在衣食等物质层面的有形世界,而在仁义等精神层面的无形世界。那些口头上学道,而又以生活穷困为羞耻的人,还是心存物欲名利,并无真正的行道志向,因此不值得与这种人论道。

子路就是不求富贵,力行道义的人。他因为穿着破旧的衣裳,与衣着华丽的人同立一起不觉得羞耻而受到孔子的表扬。

名家品评论语

孔子想重建古代的宗教礼仪,于是到杞国去求访夏代的古俗遗物,到宋国去求访商代宗教习俗礼仪,但是并无所获。他说:"夏礼吾能言之,杞不足征也。殷礼吾能言之,宋不足征也。文献不足故也。足,则吾能征之矣。"换句话说,孔子根本上是个历史学家,他力图从当时尚存的风俗古物以及文献之中,去研究并保存已然湮没的古代礼仪制度。

孔门的学术研究,结果发展成为历史丰厚的遗产,而当时其他学派,在此方面,则全付缺如。因此我个人相信,儒家之能战胜其他学派如道家、墨家,一半是儒家本身的哲学价值,一半也由于儒家的学术地位。儒家为师者确是可以拿出东西教学生,而学生确实可以学而有所收获。那套真实的学问就是历史,而其他学派只能夸示一下自己的意见和看法,"兼爱"也罢,"为己"也罢,没有具体的内容。

——林语堂《孔子的品格》

【原文】

4.11 子曰:"君子怀德①,小人怀土②;君子怀刑③,小人怀惠④。"

【注释】

① 怀德:怀,关心。德,指道德。
② 土:乡土,田土。
③ 刑:刑法。
④ 惠:恩惠。

【译文】

孔子说:"君子关心道德,小人关心土地。君子关心刑法,小人关心恩惠。"

【文义解析】

　　土，在古代是财富和权力的象征。德，得也，人有得于道是人行道而得于己者。

　　君子和小人是两种不同的人，他们品格不同，志向也不同。君子心怀仁德，胸怀百姓，注重法度；小人心怀私利，看中恩惠，只想一家之私。

　　不同的胸怀和志向，造就了不同的人。品格高尚、志向远大的君子成为居于思想、道德或社会上位的人；品格低下、志向短小的小人成为居于思想、道德或社会下位的人。

【原文】

　　4.12　子曰："放①于利而行，多怨②。"

【注释】

　　① 放：通"仿"，仿照，依照。
　　② 怨：一种解释为"别人怨恨自己"，另一种解释为"自己心中的怨恨"。本句从第二种译意。

【译文】

　　孔子说："一切依照个人利益而行动，自己心中便易多生怨恨。"

【文义解析】

　　这一章和上一章均说待人处世之道的核心问题——义与利的问题。

　　孔子认为，君子应重义而不重利，义总是统领利，利总是归于义。如果轻义重利，唯利是图，必然因利生怨。私欲永无穷，不得利者想小利，得小利者想大利，得大利者想更大利益，三者均因追求私利而常生怨恨。

【原文】

4.15 子曰："参①乎！吾道一以贯②之。"曾子曰："唯③。"子出，门人④问曰："何谓也？"曾子曰："夫子之道，忠恕⑤而已矣。"

【注释】

① 参：曾子的名。呼其名，欲有所告。
② 贯：贯穿，贯通。如以绳穿珠。
③ 唯：是的。这里是应答之辞，直接回应一"唯"字，不再有疑问表明曾子自以为明了孔子的意思。
④ 门人：弟子。
⑤ 忠恕：依朱熹注，尽己之心以待人叫作"忠"，推己之心以及人叫作"恕"。杨伯峻先生认为孔子给"忠"下的定义是："己欲立而立人，己欲达而达人。"给"恕"下的定义是："己所不欲，勿施于人。"

【译文】

孔子说："曾参啊，我平日讲的道，贯穿着一个基本观念。"曾子应答："是。"孔子出去以后，别的学生问道："这是什么意思呀？"曾子说："先生之道，只是忠和恕罢了。"

【文义解析】

仁，是孔子思想的核心内容，仁道就是忠恕之道，它贯穿于孔子思想的各个方面。

忠，就是为他人竭心尽力做事，像为自己做事一样。对自己要求严格。

恕，就是对他人宽宏大量，原谅别人的过错就像原谅自己的过错一样。对他人要求宽松。

===== 名家品评论语 =====

"忠恕之道"体现出一种人格平等的精神。在儒家伦理思想中，"亲亲尊尊"伦理原则在现实生活中体现出一种等级性的不平等。但在理论上，"忠恕之道"从"修身"到"平天下"，从"内圣"到"外王"，从"能进取譬"到"仁者无不爱也"的过程，内在地蕴含着一种基于家族亲缘和社群生活的人格平等精神，由此将一切社会关系家庭伦理化，即所谓"四海之内，皆兄弟"。

—— 胡启勇《"忠恕之道"及其实践困境》

【原文】

4.16 子曰："君子喻①于义，小人喻于利。"

【注释】

① 喻：通晓，懂得。

【译文】

孔子说："君子懂得大义，小人懂得私利。"

【文义解析】

本章从义和利的角度来区别君子和小人。

君子于事会辨其是非，虽然君子也会追求利益，但会考虑是否合乎道义，能做到重义轻利，或者义利并举，义利相容，这种义利观影响了后世的许多人。

小人于事只会追求个人利益，不会考虑是否合乎道义，唯利是图是小人的主要特征。

名家品评论语

就"君子"此一词的字面意义而言，乃"统治者（君）之子"的意思，由此引申而有"居上位者"的含义。理论而言，人是否尊贵，乃由其地位——尤其是血缘地位——所决定。在《论语》中，此词语共出现107次。在某些场合，它仍然意指着统治者。然而在大多数的用法里，孔子却用之于描述道德高超的人。换言之，对孔子而言，尊贵与否已不再是血缘之事，而是人格的问题——此种观念实等于一种社会革命，当然，如说成是演进，也许更为恰当。然而，无疑是因孔子之故，此新的观念乃能确立不移。他一再提及尧、舜、周公等圣王乃人格的典范，此想法似乎意味着他总是反观过去。然而究实而论，此乃是他在寻求理想的人格，而非诉求超自然的存有所致。

——陈荣捷《孔子的人文主义》

【原文】

4.17 子曰："见贤思齐①焉，见不贤而内自省②也。"

【注释】

① 见贤思齐：看见贤人，应想与他齐等。贤，贤德之人。齐，齐等。
② 内自省：内心自反省。

【译文】

孔子说："看见贤人，应想与他齐等；看见不贤之人，应反省自己有没有和他相似的毛病。"

【文义解析】

本章的意思如同孔子的另一句名言：三人行，必有我师焉，择其善者而从之，其不善者而改之。

与人相处，应以贤人为榜样，不断学习，迎头赶上。应以不贤的人为镜子，参照出自己的不足，不断自我反省，取长补短，改正毛病。

老子说："善人者，不善人之师；不善人者，善人之资。"也是同样的道理。

【原文】

4.18 子曰："事父母几①谏②。见志不从，又敬不违③，劳④而不怨。"

【注释】

① 几：轻微，婉转。
② 谏：规劝。
③ 违：违逆，冒犯。
④ 劳：忧愁。

【译文】

孔子说:"侍奉父母,如他们有过,子女应委婉地规劝,看到自己的意志没有被听从,还照常恭敬而不违逆,虽然忧愁,但不怨恨父母。"

【文义解析】

本章讲的是孝敬父母的具体做法。

孝敬父母,首先要做到恭敬无违。父母多是普通人,有的在某种程度上甚至是小人,因而也会犯错。对此,孝子首先要善于劝说,不至于使父母陷于不义。其次,要讲究劝说的方式方法,应话语委婉,和颜悦色。即使父母不听,仍然要真心孝顺不违逆,等到时机来临再行劝说。如此这般,虽然忧愁,但没有怨恨,就称得上尽至情义,真心孝敬。

【原文】

4.19 子曰:"父母在,不远游①,游必有方②。"

【注释】

① 游:指游学、游宦、经商等外出活动。
② 方:方位,去处。

【译文】

孔子说:"父母在世时,不出远门。迫不得已出远门,也要有一定的去处。"

【文义解析】

本章说的是子女孝敬父母的问题。

父母最担心的,是子女不在身边。古时交通不便,通信不畅,加上其他安全风险等未知因素,当子女远离家乡,父母难免挂念,如遇急事,召之更加困难。儿女体会到父母的心情,一般不出门远游,如果出门,也必告知地方和方向,以减轻父母的顾虑。现代社会交通和通信极为发达,也应时常联络父母,交流情感,这也是孝的表现之一。

【原文】

4.21 子曰:"父母之年,不可不知①也。一则以喜,一则以惧。"

【注释】

① 知:记住。

【译文】

孔子说:"父母的年纪,不能不常记在心。一方面因其高寿而欢喜,一方面又因其寿高而忧愁。"

【文义解析】

本章是说关心父母的年龄也是孝道之一。

当子女长大成人,父母就已经变老,对于父母的年龄,要心中有数,牢记不忘。人生七十古来稀,子女行孝要及时,不能拖延和无视,以免出现"子欲养而亲不待"的情况,以致后悔莫及。

【原文】

4.24 子曰:"君子欲①讷②于言,而敏③于行。"

【注释】

① 欲:要,应该。

② 讷:音 nè,迟钝,此处为谨慎义。

③ 敏:勤敏。

【译文】

孔子说:"君子应该说话谨慎,做事勤敏。"

【文义解析】

"言"和"行"是人一生中最主要的活动。言的要求是真实、准确、诚信,所以君子就该说话慎重,字字珠玑。行的要求是干净、利落、有结果,所以君子就该行动勤敏,追求时效成效。

夸夸其谈,并非口才;寡言少语,也并非无能耐。君子重行轻言,言行一致,不因妄谈而失言,也不因行缓而误事。

【原文】

4.25 子曰:"德不孤,必有邻①。"

【注释】

① 邻:亲近。

【译文】

孔子说:"有道德的人不会孤单,必定会有(志同道合的)人来亲近他。"

【文义解析】

有道德的人，是心地善良的人，是恭而有礼的人，所以会"有朋自远方来"，会"四海之内皆兄弟"。道德之人具有强大的感召力和吸引力，能让同声相应、同气相求的人来亲近，从而不再孤单。

【原文】

4.26 子游曰："事君数①，斯辱矣；朋友数，斯疏矣。"

【注释】

① 数，音shuò，多次，屡次。此处依上下文译为"烦琐"。

【译文】

子游说："事奉君主过于烦琐，就会招致侮辱。对待朋友过于烦琐，就会被其疏远。"

【文义解析】

古代中国以五伦来概括人与人之间的关系：夫妇、父子、兄弟、朋友、君臣。夫妇、父子、兄弟三伦属于家庭关系，朋友、君臣两伦属于社会关系。社会关系不能按家庭关系的态度来处理，事君交友，好心劝其改过，次少还可，次多则受辱或变疏。故无论事君还是交友，都要有一个度，如不适可而止，就会适得其反。

对于规劝朋友要讲究适宜有度，在《论语》中还有其他类似的记录，如《颜渊篇·第十二》说："子贡问友。子曰：'忠告而善道之，不可则止，毋自辱焉。'"也是这个意思。

公冶长篇 · 第五

【原文】

5.1 子谓公冶长①,"可妻②也。虽在缧绁③之中,非其罪也"。以其子④妻之。

【注释】

① 公冶长:姓公冶,名长,字子长,孔子的学生,齐国人。

② 妻:音 qì,动词,嫁。

③ 缧绁:捆绑犯人的黑色绳索和栓套,此指代监狱。缧,通"累",音 léi。绁,音 xiè。

④ 子:古时儿和女都称子,此处指的是女儿。

【译文】

孔子说公冶长:"可以把女儿嫁给他。他虽然曾被关在监狱中,但那不是他的罪过呀!"便把自己的女儿嫁给了他。

【文义解析】

本章可以看出孔子非同常人的择人标准。

公冶长是孔子的弟子,在七十二贤中,名列第二十五位。他德才兼备,立身严谨,一生治学,终身不仕,鲁君曾多次邀请其出任官职,都被他回绝。曾因别人诬告而进过牢房,孔子知其进过牢房依然把自己的女儿嫁给了他,证明了他的清白和无辜。

择人难,择官严,择婿难加严。一代圣人选择坐过牢房的人作为女婿,这说明了他清醒的认识和非凡的勇气。孔子这种以德才兼备而不以功名利禄为择人标准的做法,对后世中国选贤任能的择人观产生了很大的影响。

名家品评论语

中国人对于父母妻儿也就是家庭有极重的义务感，对于人与人之间的关系看得非常重，始终追求人与人之间的和谐融洽。他们不习惯分离、独处，讲究礼节，不为个人情欲迷狂而违反道德理智。进一步，他们积极入世，关心社会，把国家的价值放置在个人与家庭之上，"国家兴亡，匹夫有责""大河有水小河满"的观念使他们把国家盛衰兴亡当作个人的事情，因为"国"对于他们来讲就是放大的"家"，而"家"就与"人"息息相关。特别是后来孟子以及宋代理学又把这种理性观念与道德心性联系起来，使这种观念建立在人的心灵自觉上，从"正心""诚意""修身"到"齐家"，到"治国平天下"（《礼记·大学》），这就使得它渗透到了每个中国人的心灵深处，铸成了中国人清醒的道德理性主义。

——葛兆光《中国经典十种》

【原文】

5.2 子谓南容①："邦有道②，不废；邦无道，免于刑戮"。以其兄之子妻之③。

【注释】

① 南容：姓南宫，名适（kuò），字子容，孔子的学生。

② 道：此处指国家政治走上正轨，有道可依。

③ 以其兄之子妻之：孔子有一兄，叫孟皮，此时已经去世，所以孔子替他女儿主婚。

【译文】

孔子说南容："国家政治清明，他不会被废弃不用。国家政治黑暗，他也可以不被刑罚。"就把自己的侄女嫁给了他。

知识链接

社，按《说文解字》的解释是指土地神。《周礼》中说，一般是二十五家置一社，在社的区域内要种上这里的土地所适宜生长的树木。后来，社便引申指祭祀土地神的场所，后来逐渐演变为地方基层组织或民间团体，古人认为土地滋育万物，是人类生存的基础，所以普遍立社祭祀。

除国都外，民众聚集的城邑也往往有社。汉代中央、郡国、县、乡、里各级行政机构都立有社。每年春二月、秋八月上旬的戊日举行社祭，是民间的盛大节日。

【原文】

5.6 子使漆雕开①仕。对曰："吾斯之未能信。"子说②。

【注释】

① 漆雕开：姓漆雕，名开，字子开，孔子的学生。

② 说：通"悦"，音 yuè。

【译文】

孔子叫漆雕开去做官。漆雕开说："我对此还没有自信。"孔子听了很喜悦。

【文义解析】

老师让弟子去做官，被弟子拒绝，为什么还不怒而喜？

这和孔子的教育目标有关。孔子的教育是正己正人的教育，不只是"学而优则仕"，更是"仕而优则学"，是学问成功之后的出仕，出仕成功之后的为学。为仕是进德的阶梯，是将自己的问学道德推广天下造福于民，继而成就自己德业的重要步骤。文中的漆雕开身体残废，从业油漆工，身份低微，似乎应及早出仕取得功名为是，然而，即使在老师的推荐下，也婉拒出仕。这说明他目光长远，志向宏大，自知自明，专心于学问道德，而不急功近利，做官求名。看到有这样的好弟子，老师自然非常高兴。

后来儒家一分为八，漆雕开之儒是其中之一，这足以证明漆雕开的学问之深、学业之大。

知识链接

卫国和鲁国是兄弟之邦，鲁国是周公之后，卫国是康叔之后，周公是周文王姬昌的第四子，康叔是周文王的第九子，所以说周公与康叔是亲兄弟。卫国政治安定，经济富裕，孔子弟子子路的妻兄颜浊邹是有贤名的卫国大夫，可以"论道"。这些人事等因素，很可能促使孔子周游列国时，将第一站选在卫国。

【原文】

5.8 子谓子贡曰："女①与回也孰愈②？"对曰："赐也何敢望回。回也闻一以知十，赐也闻一以知二。"子曰："弗如也！吾与③女弗如也。"

【注释】

① 女：通"汝"。

② 愈：胜，强。

③ 与：有两种意思：一是和；二是赞成，同意。此文取第一种意思。

【译文】

孔子对子贡说："你和颜回哪一个强些？"子贡答道："我，怎么敢和颜回相比？颜回听到一件事，就可以推知十件事。我呢，听到一件事，只能推知两件事。"孔子说："你是不如他，我和你都不如他。"

【文义解析】

本章可见孔子与子贡两人宽阔的胸襟、谦虚的态度和实事求是的精神。

子贡是孔子的得意门生，善于外交和经商，曾任鲁、卫国之相，富至千金，可与诸侯分庭抗礼。就是这样有才能的人也自认不如颜回，时人说子贡贤于仲尼，而子贡又自谓不如颜回，文中孔子作为老师也自称不如弟子颜回。由此可见颜回的学问道德备受推崇，更可见孔子与子贡实事求是，虚怀若谷，不矜己自饰。

【原文】

5.14 子贡问曰："孔文子，何以谓之文也？"子曰："敏②而好学，不耻下问，是以谓之文也。"

【注释】

① 孔文子：卫国大夫，姓孔，名圉（yǔ），"文"是他的谥号，"子"是尊称。

② 敏：敏捷，勤勉。

【译文】

子贡问道："孔文子为什么得到'文'的谥号？"孔子说："他做事勤敏，又爱好学习，不以向不如自己的人请教学习为羞耻，所以用"文"做他的谥号。"

【文义解析】

"文"是孔圉的谥号。谥号是后世史学家对一个人一生褒贬的总结定论。

谥法说"学敏好问曰文"。孔圉身为卫国大夫，官居高职却谦虚地向地位、身份、知识均不如己的人学习，并且不觉得羞耻。这种品行比那些聪明而不好学习，恃才而故步自封的人要高贵得多。

【原文】

5.20 子曰:"宁武子①,邦有道则知,邦无道则愚②。其知可及也,其愚不可及也。"

【注释】

① 宁武子:卫国大夫,姓宁,名俞,"武"是谥号,"子"是尊称。
② 愚:装傻。

【译文】

孔子说:"宁武子在国家安定时,就聪明;在国家危乱时,就装傻。他的聪明,别人能够赶得上;他的装傻,别人就赶不上了。"

【文义解析】

宁武子在卫国先后辅佐卫文公和卫武公,其间显示出常人难以觉察的智慧。

卫文公有道的清平之世时,宁武子以自己的才智辅佐朝政,但是功绩平平,可见其才智一般人能够赶得上。

卫武公无道的危乱之世时,宁武子不避艰险,不顾个人安危,挺身而出,为国家生死存亡竭尽全力。他这种做法,对那些危难当头明哲保身的所谓"智者"来讲,就是"愚"。但是这种"愚"是由于对国家强烈的"忠"心而来,不是一般人能够做到的,所以孔子说他愚不可及,其实是一种莫大的褒扬。

【原文】

5.27 子曰:"已矣乎!吾未见能见其过而内自讼①者也。"

【注释】

① 自讼:自责。讼,咎责。

【译文】

孔子说:"算了吧,我还没有见过能够看到自己的过错就自我责备的人呀!"

【文义解析】

人的眼睛总是容易看到别人的缺点和过失,而很难看到自己的毛病和不足。

有的人发现了自己的错误,首先是掩饰错误,其次是找客观原因,再次是为了自尊虚荣而固执己见。他们不从内心反观,不通过自察、自省、自寻等方法发现并改正错误,从而在错误的道路上越行越远。

人因看不见自己的错误而愚蠢无知,因未改正自己的错误而裹足不前。

【原文】

5.28 子曰:"十室之邑,必有忠信如丘者焉,不如丘之好学也。"

【译文】

孔子说:"十户人家的小地方,一定有像我这样忠诚守信的人,但不像我这样好学呀!"

【文义解析】

　　从本章可以看出，孔子认为自己的忠信品质与常人一样，和常人不一样的优点是好学。

　　一般人，能够做到忠信的很多，能做到好学不倦的很少。孔子说自己不是生而知之的人，只是因为好古敏求才获得一些知识。他一生好学乐学，所以成为至圣先师、万世师表。

雍也篇 · 第六

【原文】

6.3 哀公①问："弟子孰为好学？"孔子对曰："有颜回者好学，不迁怒②，不贰过③。不幸短命④死矣！今也则亡⑤，未闻好学者也。"

【注释】

① 哀公：姬姓，名将，鲁定公之子，鲁国第二十六任国君，公元前494——前468年在位。

② 迁怒：把由甲人引发的怒气转移到乙人身上发泄。迁，转移，离开。

③ 贰过：重复犯同样的错误。贰，重复。

④ 短命：据《孔子家语》载，颜回去世时为四十一岁。

⑤ 亡：通"无"。

【译文】

鲁哀公问："你的学生中，哪个好学？"孔子对道："有个叫颜回的，好学，不把怒气迁移到别处，不重犯同样的过错。不幸短寿死了，现在再也没有这样的人了，没听说过好学的人了。"

【文义解析】

学习的最终目的是什么？通过下面的分析可找到答案。

孔子学问的核心是仁，是叫人学成大人。那些通过学习，在精神修养上达到"仁"的境界的，就是真正的大人，这就是人们学习的最终目的。

仁人爱人而自省，所以不迁怒于别人，也不重犯同样的错误。颜回就是达到这种学习目标和修养境界的人，他是孔门七十二贤人中最为好学的一位，被孔子视为自己的接班人。但他英年早逝，去世时年仅41岁，每次提及他，孔子总是满怀悲恸和不舍。

【原文】

6.9 季氏使闵子骞①为费②宰。闵子骞曰："善为我辞焉。如有复我者，则吾必在汶上③矣。"

【注释】

① 闵子骞：孔子的学生，姓闵，名损，字子骞，二十四孝之一。
② 费：音 bì，季氏的封邑，故城在今山东费县西北。
③ 汶上：即汶水以北，指齐国之地。汶，音 wèn，汶水，在齐南鲁北的边境上，今山东的大汶河。水以北为阳，凡言某水上，皆谓某水之北。

【译文】

季氏使人请闵子骞作他采邑费地的长官。闵子骞说："好好地替我辞掉吧！如果再来找我的话，那我一定会在汶水之北了。"

【文义解析】

本章讲的是闵子骞拒绝做官的故事，说明了闵子骞的性格特点：清，不与乱臣同流合污。

季氏凭借费邑以叛乱，欲请闵子骞做官，认为高官厚禄很多人梦寐以求，没想到会被拒绝。孔子说过"道不同，不相为谋。"弟子闵子骞这样做，既体现了老师的道德追求，也体现了他的为人智慧和处世哲学。"良禽择木而栖，贤臣择主而事"，与此有异曲同工之妙。

【原文】

6.11 子曰："贤哉，回也！一箪①食，一瓢饮，在陋巷。人不堪其忧，回也不改其乐。贤哉，回也！"

【注释】

① 箪：音 dān，古代盛饭用的一种竹制器皿，圆形。

【译文】

孔子说："大贤人啊，颜回！一竹器的饭，一瓢水，住在穷陋的小巷中，别人都受不了这种穷苦生活的忧愁，颜回却不因此而改变他自有的快乐，真是大贤人啊，颜回！"

【文义解析】

本章的开头和结束，用相同的一句话，赞叹颜回之贤，主要是赞美颜回虽箪食瓢饮居陋室而能不改其乐。

无独有偶，孔子曾曾经说过"饭疏食，饮水，曲肱而枕之，乐亦在其中"。这就是孔颜乐处。看来，身处简约困顿之中却能拥有强大定力，不为外物而心转，依然孜孜不倦地学习、修身，是孔子非常赞同的高贵品格。到后来，儒家的亚圣孟子的名言"贫贱不能移"与此一脉相承。

【原文】

6.15 子曰："孟之反①不伐②，奔而殿③，将入门，策④其马，曰：'非敢后也，马不进也。'"

【注释】

① 孟之反：姓孟，名侧，字之反，鲁国大夫。
② 伐：夸耀。
③ 奔而殿：奔，军队溃败逃跑奔命。殿，殿后。
④ 策：鞭打。

【译文】

孔子说:"孟之反不夸耀自己。军队失败了,他殿后,军队将进入城门,他鞭打马匹,说道:'不是我敢于殿后,而是我的马不肯快跑呀!'"

【文义解析】

鲁军因与齐军战败而溃退,孟之反为了掩护军队,阻止齐军乘胜追击,主动选择在队伍尾部殿后,终于使鲁军逃回城内,这需要极大的勇气。不仅如此,孟之反撤到城门口时,还故意说不是自己想在后边而是因为马跑得慢才使他落在后边,这更是一种难得的品质。

孔子在这章中,就是表扬孟之反这种勇于担当、不怕牺牲、危难时刻挺身而出的献身精神以及不争功不自夸的高贵品质。

【原文】

6.18 子曰:"质①胜文②则野③,文胜质则史④。文质彬彬⑤,然后君子。"

【注释】

① 质:质朴,朴实。
② 文:文采,华饰。
③ 野:粗俗,鄙野。
④ 史:宗庙的祝使,在宫中掌管文书、祭礼的人。喻意虚伪、浮夸。
⑤ 彬彬:物相混融而配合适当均匀。

【译文】

孔子说:"质朴胜过文采,就显得粗野;文采胜过质朴,又显得虚浮。文采和质朴配合得适当均匀,这才算是君子。"

【文义解析】

这也是孔子的传世名言,它高度概括了文与质合理互补关系和君子人格模式。

怎样才是文质彬彬呢?

如同一张好的毛皮,不仅有好的皮质,而且有好的花纹。又好比一辆轿车,不仅有好的质量,而且有好的外观。

文与质的关系是相辅相成的,是内容与形式的关系,两者同等重要,只有文、质双修,配合均当,才能成为合格的君子。孔子文质思想经过2500多年的历史实践,成为中国人"君子"形象最鲜明的写照,他所描绘的"君子"形象,也成为一代又一代中国人终身修为的理想典范,对后世产生了深远的影响。

名家品评论语

君子的修养有两部分,一是学习"诗书六艺文";一是躬行实践。在前一方面,他大概可以和其他人相比,但在后一方面他也没有完全成功。关于"君子",必须兼具此两方面,以下这一段话表示得最明白:"子曰:'质胜文则野,文胜质则史。文质彬彬,然后君子。'"(《论语·雍也》)此处的"文"字含义较广,大致相当于我们今天所说的"文化教养",在当时即所谓"礼乐",但其中也包括了学习诗书六艺之文。"质"则指人的朴实本性。如果人但依其朴实的本性而行,虽然也很好，但不通过文化教养终不免会流于"粗野"（道家的"返璞归真"，魏晋人的"率性而行"即是此一路）。相反地，如果一个人的文化雕琢掩盖了他的朴实本性，那又会流于浮华（其极端则归于虚伪的礼法）。前者的流弊是有内容而无适当的表现形式；后者的毛病则是徒具外表而无内涵。所以孔子才认为真正的"君子"必须在"文""质"之间配合得恰到好处。

—— 余英时《儒家"君子"的思想》

【原文】

6.19 子曰："人之生也直，罔①之生也幸而免。"

【注释】

① 罔：欺骗，毁谤。此处指不正直的人。

【译文】

孔子说："人的生存由于正直，不正直的人也能生存，那是他侥幸地免于灾祸。"

【文义解析】

人生，有道可依，也有理可循，这完全可由直道来获得，并且安稳、踏实。但也有不直之人，常行苟且之事暂以偷生，这不过是侥幸而已。

"直"就是正直，是人生的基本品质，它意味着做人要耿直、正派、光明正大，同虚伪、邪恶、阴暗猥琐正好相反。

正直的人具备君子的品质，人生无忧无惧。邪曲的人具备小人的心性，人生常忧常惧。这就像唐代韩愈所说："惟君子得祸为不幸，小人得祸为恒。君子得福为恒，小人得福为幸。"

【原文】

6.30 子贡曰："如有博施①于民而能济②众，何如？可谓仁乎？"子曰："何事于仁，必也圣乎！尧舜③其犹病④诸！夫仁者，己欲立而立人，己欲达而达人。能近取譬⑤，可谓仁之方也已。"

【注释】

① 施：给予。

② 济：救济，救助。

③ 尧舜：传说中上古时期的两位帝王。是孔子推崇的圣人，是他心中的榜样。

④ 病：有所不足。

⑤ 能近取譬：能以自身（贴近）处打比方。比喻能推己及人，替别人着想。譬，譬喻，比喻。

【译文】

子贡说："如果有人，能对民众广博给予和救济，怎么样？可以说是仁道了吧？"孔子说："这哪里仅是仁道！那一定是圣德了！尧和舜都力所不及呀！仁是自己想立，也要帮助别人能立；自己想通达，也要帮别人通达。能从自身比喻推己及人，替人着想，这就可以说是实践仁道的方法了。"

【文义解析】

这一章,孔子重点阐述仁,也说到了圣。

孔子认为,仁者是以己心比他心从而为他人着想的人。自己有立的愿望,就想到他人也会有相同的愿望,于是就帮别人立;自己有达的愿望,就想到他人也有相同的愿望,于是就帮助别人达。这就是君子行"仁"的方法和原则,做到了这些,就是仁人。

仁,强调从自我做起,格物致知,诚意修身,主要讲个人修养好。

圣,不仅个人修养好,而且还对他人好,对天下百姓好。能博施于民,能广济于众,能运用职位权力,治国安邦、平定天下。

述而篇·第七

【原文】

7.2 子曰:"默而识①之,学而不厌,诲人不倦,何有②于我哉?"

【注释】

① 识:音 zhì,记住。

② 何有:有什么。

【译文】

孔子说:"(把所见所闻)默默地记在心里,努力学习而不满足,教导别人而不疲倦,这些事我做到了哪些呢?"

【文义解析】

本章讲的是为学的原则和为师的境界。

"默而识之"讲的是要用心去学,"学而不厌"讲的是对学习要永不满足。这两句话是讲为学的原则,或者是方法。

"诲人不倦"讲的是要有敬业精神,对学生要有爱心和责任心。加上前两句,就是讲为师的境界,这是一般人难以达到的教学境界。

"学而不厌,诲人不倦"作为成语,流传千古,对中国传统教育思想的形成与发展产生了极大的影响。

【原文】

7.3 子曰:"德之不修,学之不讲,闻义不能徙①,不善不能改,是吾忧也。"

【注释】

① 徙：迁移。

【译文】

孔子说："品德不能够修养；学问不能讲习；听到义不能迁改自己，从义而行；不善的地方，不能改正。这些都是我的忧虑呀！"

【文义解析】

本章写了孔子有四个方面的忧虑。由此可以看出，他希望人们不断地修养道德，讲习学问，闻义而徙和迁过改善。其实，这就是儒家所说的"致知"和"修养"的方法与内容。

注重自身修养和学问的提高，做到"日日新，又日新"，就是儒学的主要功夫所在。

【原文】

7.14 子在齐闻《韶》①，三月不知肉味。曰："不图为乐之至于斯也！"

【注释】

①《韶》：舜时的乐曲名。

【译文】

孔子在齐国听到《韶》乐后，好几个月尝不出肉的味道。他说："想不到欣赏音乐竟然到了如此境界。"

【文义解析】

在中国传统文化中，乐具有崇高的地位，乐教是传统礼乐文化的最主要的教育方式之一。孔子非常重视"乐"的作用,把它作为六艺之一,他本人也有极高的音乐素养和音乐鉴赏能力,且终生爱乐。

本章的故事大约发生在公元前517年,当时孔子35岁,在齐国学习《韶》乐。因沉迷于音乐之美妙,而尝不出肉之美味,这是人体中耳的功能因过度兴奋而掩盖了舌的功能,所以因乐忘肉。这种感觉只有高雅的人才能体会到。

孔子注意到音乐具有调节心灵、修养心性的巨大作用,以"立于礼,成于乐"为教育方式和教育内容,也曾对音乐做了大量重要的整理工作。

【原文】

7.16 子曰:"饭疏食①饮水,曲肱②而枕③之,乐亦在其中矣。不义而富且贵,于我如浮云。"

【注释】

① 饭疏食:饭,吃。食,音 sì。疏食,粗粮。
② 肱:音 gōng,胳膊。
③ 枕:用作动词,旧读去声。

【译文】

孔子说:"吃粗粮,喝冷水,弯着胳膊当枕头用,乐趣也可以在这里了。干不正当的事而得到的富贵,对我来讲好像天上的浮云。"

【文义解析】

本章孔子表明了他的快乐观和财富观,申明了他坚持以仁义为主体的人生理想。

孔子曾赞颜回"一箪食，一瓢饮，在陋巷，人不堪其忧，回也不改其乐"，这与本章首句主旨基本相同。孔子无畏穷困，认为"安贫"也可"乐道"，就算吃粗粮，喝凉水，弯臂当枕的生活对于有追求、有理想的人，一样乐在其中。事实上，这种乐尽管和富贵带来的乐有所区别，但不同的乐趣给内心带来的感受是没有区别的。

　　孔子并不反对富贵，他反对的是那种靠不义之举、不正当手段得来的富贵。本章中他表明了自己这种正确的财富观：义利并举，见得思义。"富与贵，人之所欲也，不以其道得之，不处也。"表达的就是这样的观点。

名家品评论语

　　我们想知道孔子生活，也可以在颜子生活里推见一部分出来。孔子顶明显的是乐，孔子夸奖颜回说："贤哉，回也！一箪食，一瓢饮，在陋巷。人不堪其忧，回也不改其乐。贤哉，回也！"对于生活之乐趣，再三夸奖。由此可知颜子生活，确能够如此。由此一看，儒家生活，就是乐趣所在。子曰："饭疏食饮水，曲肱而枕之，乐亦在其中矣。不义而富且贵，于我如浮云。"孔子弟子日记孔子的生活说："子之燕居，申申如也，夭夭如也。"这都是说生活之舒美，其中有说不出的乐趣。那种生活之合适，并非常自得的，有很好的兴趣，有自然的乐趣。"乐"之一字，在《论语》中一见屡见再见以至多见。如"智者乐水，仁者乐山；智者乐，仁者寿"，"知之者不如好之者；好之者不如乐之者"。还有一条是应该注意的，孔子说"君子坦荡荡；小人长戚戚。"君子的生活是坦然的；而小人生活，则是戚戚然的。君子自然是好人；小人自然是坏人。

在这句话里面，孔子直接表示出来，生活之乐不乐，与人的好坏变成一个问题。凡是君子则坦坦而乐；小人就戚戚以忧。与仁者不忧，差不多的意思。把这所有谈生活之乐的，各个小条，归并在一块，我们就知道孔子生活是乐的。

—— 梁漱溟《孔子的人生旨趣》

【原文】

7.19 叶公①问孔子于子路，子路不对。子曰："女奚不曰，其为人也，发愤忘食，乐以忘忧，不知老之将至云尔②。"

【注释】

① 叶公：楚国大夫沈诸梁，字子高。为叶县尹，被称为叶公，是一位贤者，与成语中好龙的叶公为一人，但形象被讹传。叶，旧音shè。

② 云尔：云，如此；尔，通"耳"，而已，罢了。

【译文】

叶公向子路问孔子是什么样的人，子路没有回答上来。孔子对子路说："你为什么不这样说：'他这个人，发奋用功，便忘记了吃饭。心里快乐，便忘记忧愁。不知道衰老将要到来，如此罢了。'"

【文义解析】

受楚昭王相邀，公元前489年，63岁的孔子带领弟子到达负函。这是叶公与子路相见后，孔子师徒两人的对话。

"发愤忘食，乐以忘忧，不知老之将至云尔"几句简单朴实的话语，是孔子积极学习、乐观进取的真实自述。林语堂曾经说过："在这段夫子自道的文字里，我们不难看出孔子生活的快乐、热情及其力行的精神。孔子有好几次说自己不是圣人，只是他'学而不厌，诲人不倦'而已，这表明孔子具有道德的理想，知道自己身负的使命，因此深具自信。"

【原文】

7.22 子曰："三人行，必有我师焉。择其善者而从之，其不善者而改之。"

【译文】

孔子说："三人同行，其中必定有可以取法为师的人。选择善的行为而学习它，不善的行为而改正它。"

【文义解析】

这句千古名言，说明孔子谦虚好学。

孔子之学，以人道为重，故必学于人以为道。韩愈说"圣人无常师"，可见道无所不在，好学在于自己，只要善于学习，就能找到老师。

这句话说来简单，但做起来很难。能虚心请教，已属不易，更难得可贵的是，不仅要师人之善，还要以别人的不善为镜子，反照出自己的不善，再加以改正。这句话对于指导我们读书学习、修身进德和待人处世非常有益。

【原文】

7.27 子钓而不纲①，弋②不射宿。

【注释】

① 纲：渔网上用于提网的总绳。此处指在河道中拉一大绳，其上挂很多鱼钩或渔网，一举而得多鱼，不论大小，一网打尽。

② 弋：音yì，用带生丝的箭来射鸟。

【译文】

孔子钓鱼，但不用大网捕鱼。用带丝绳的箭射鸟，但不射归巢歇宿的鸟。

【文义解析】

孔子将"仁"作为学问道德的核心。他不仅自修仁心，以仁待人，而且将仁心推到人外之物上。这种仁德的境界，仰之弥高，值得尊崇。

孟子同样如此仁爱，主张捕鱼不用很细密的网，以免将小鱼捕食。伐木要按一定的时节，以免损伤树木。荀子也说过，在鱼类繁殖季节，不准在河中张网投毒。这些儒家先哲爱护自然资源，维护生态平衡，保护人与自然协调发展的进步思想，跨越千年时光，价值越发珍贵。

【原文】

7.30 子曰:"仁远乎哉?我欲仁,斯仁至矣。"

【译文】

孔子说:"仁德距离我们很远吗?我想要仁,仁就来了。"

【文义解析】

"仁"究竟在哪里?看似遥不可及,其实自在己心。

孔子认为,仁就在人的内心之中,人天生的本性之中就有仁的成分,它没有离开人而消失,只是有时被蒙蔽罢了。对于仁,不是有没有的问题,而是想不想的问题,想仁则仁到,可见仁并不遥远。其实,人只要按照内心"仁"的标准要求自己,按"仁"的规范为人处世,就会达到"仁"的境界。

为仁由己,无须外求,能一日克己复礼,则天下即可归仁。

【原文】

7.36 子曰:"奢则不孙①,俭则固②。与其不孙也,宁固。"

【注释】

① 孙:通"逊",谦逊,恭顺。
② 固:固陋,寒伧。

【译文】

孔子说:"奢侈了便骄傲,俭朴了便寒伧。与其骄傲,宁可寒伧。"

【文义解析】

　　奢和俭，是人们物质生活的两个极端。不逊和固陋，是人们心理情绪的两个层面。对一般人来说，物质生活的两个极端产生了心理情绪的两个层面。

　　对于奢与俭的选择，能体现出人的理性和智慧。那些仁者君子，懂得取舍，明白中庸，自己的精神心态不被物质生活所左右，富贵之中能够稳得住，贫贱之中能够守得住，因而能心不失仁，身驻仁中。

　　孔子作为圣人，不提倡奢侈的生活，认为节俭虽然让人感到寒伧固陋，但是能保持礼尊，所以选择宁俭勿奢。

【原文】

　　7.37　子曰："君子坦荡荡①，小人长戚戚②。"

【注释】

　　① 坦荡荡：坦，平坦。荡荡，宽广的样子。
　　② 戚戚：忧愁，忧惧，蹙缩的样子。

【译文】

　　孔子说："君子的心胸平坦宽广，小人却经常局促忧愁。"

【文义解析】

　　君子和小人，在《论语》中经常两两对比同现，是一对意思正好相反的词语。

　　君子知天命，对天、对地、对人，都问心无愧，所以胸怀宽广，坦荡无私。小人不知天命，不敬畏天，不敬畏地，也不敬畏人，以小我为中心，以私欲为目的，与人争利，纠缠得失，只有利益关系，没有情义朋友，所以心胸狭窄，忧愁不宁。君子小人因气质不同，追求不同，格局不同，命运也就不同。

【原文】

7.38 子温而厉①，威而不猛②，恭而安。

【注释】

① 厉：严肃的样子。
② 猛：凶猛。

【译文】

孔子温和而严肃，有威仪而不凶猛，恭敬而又安详。

【文义解析】

这是弟子们给老师孔子画的标准像。

在外人的眼中，孔子是一个温、良、恭、俭、让的慈爱形象，但身边的学生最了解他：孔子身高1.91米，身材高大，容貌庄严，举止端正，不怒而威，对人态度温和，待己态度严厉，处事恭敬，神情安详。

孔子以礼治身，以德修身，讲求彬彬有礼，主修中和之德。这一切都体现在言行气貌间，从而体现出气质非凡的德相。

泰伯篇 · 第八

【原文】

8.1 子曰:"泰伯①,其可谓至德②也已矣!三以天下让,民无得而称③焉。"

【注释】

① 泰伯:周朝祖先古公亶(dǎn)父的长子,有两个弟弟,仲雍和季历。古公亶父想把君位传给季历之子姬昌,泰伯理解父亲的心意,就和弟弟仲雍以采药为名走至勾吴(吴国始祖),其父从而顺利传位至季历,最终至姬昌。姬昌就是周文王。

② 至德:德之极至。

③ 无得而称:泰伯让出君位,不留痕迹,更没有流传下来值得称颂的具体事迹。

【译文】

孔子说:"泰伯可以说是极其崇高了。三次让出君位,但人民找不到事迹来称赞他。"

【文义解析】

泰伯作为长子,本来拥有继承君位的权利,却顺承父意数次主动将君位让给三弟,达成了父亲的心愿,也间接成就了周朝800年的伟业。

泰伯让位举动,说明他孝,也说明他有大德。孔子赞扬让贤是一种至高无上的美德。

泰伯去吴地后,建立吴国,死后又将君位传给其二弟,因其无子,泰伯从此断了自家的历史。但因为拥有至高的品德,他受到吴人的尊敬和怀念。他喜爱种麻,死后人们就系麻绳来悼念他,披麻戴孝的传统由此而来。

老子有言"上德不德,是以有德。"泰伯正是这种看似不德,实有上德之人。

> **名家品评论语**
>
> 立德是一个长期的过程，孔子自述他的立德过程说："吾十有五而志于学，三十而立，四十而不惑，五十而知天命，六十而耳顺，七十而从心所欲，不逾矩。"在"立德"的长期过程中，大约要经历两个大的阶段：一个阶段是从自然美到修饰美，儿童的本性是纯真的，这可以说是自然美，但有了自然美还应该加以修饰，子夏曾经问孔子："巧笑倩兮，美目盼兮，素以为绚兮，何谓也？"意思是说有了自然美，为什么还要打扮呢？孔子回答说："绘事后素。"先有白底，然后画画。子夏很理解老师的意思，他以为人有了自然美，还应该用礼仪加以修饰，来培养他的德性，这就是从自然美到修饰美的过程。另一个阶段是从外在的规范到内心的愉悦。礼仪总是带有某种约束性、制约性，人们不免感到礼仪对思想和行为的束缚力量，可是习惯成自然，慢慢地人们会安于礼仪，并从中获得心理上的愉悦。所以孔子说"七十而从心所欲，不逾矩"。他能从规范中得到心理愉悦，不再感到规范的束缚，并且无往而非仁。他又说："仁者安仁，知者利仁。"智者认为仁有利，才提倡仁道；仁者是为了仁而仁，并不是考虑它有利还是无利，这也是因为他可以从仁中得到心理的愉悦。到此地步，可以说他已经进入了一种崇高的道德精神境界。
>
> —— 姜广辉《儒学的道德精神及对它的现实思考》

【原文】

8.2 子曰："恭而无礼则劳①，慎而无礼则葸②，勇而无礼则乱③，直而无礼则绞④。君子笃⑤于亲，则民兴于仁。故旧不遗⑥，则民不偷⑦。"

【注释】

① 劳：劳扰不安。不知适可而止，礼到为安。

② 葸：音 xǐ，畏惧。

③ 乱：犯上作乱。

④ 绞：说话尖酸刻薄，出口伤人。

⑤ 笃：厚。

⑥ 遗：忘弃。

⑦ 偷：淡薄，这里指人与人的感情而言。

【译文】

一味恭敬而不知礼，便会劳扰不安；只知谨慎小心却不知礼，便会畏怯多惧；只知勇猛却不知礼，便会犯上作乱；心直口快却没有礼，便会尖刻伤人。在上位的能用敦厚感情对待其亲族，民众便兴起于仁；在上位的若能不遗弃他的老朋友和老同事，民众就不会对人冷淡刻薄。

【文义解析】

礼是行为规范，有中和与节制的作用，如果没有礼的节制，再好的美德也会有弊病。恭敬、谨慎、勇敢、直率，都是好的品德，如果失去礼的中和或节制，就会过头或不足。事有过犹不及，也有美中不足，这就需要讲究适度、合宜，需要感性与理性相结合，需要原则与感情相结合，更需要做到德与礼相调和。

知识链接

"礼"是颇为繁多的,其起源和核心则是尊敬和祭祀祖先。王国维说:"盛玉,以奉神人之器谓之若豊,推之而奉神人之酒醴,亦谓之醴,又推之而奉神人之事,通谓之礼。"(《观堂集林·释礼》)郭沫若说:"礼是后来的字。在金文里面,我们偶尔看见用豊字的。从字的结构上来说,是在一个器皿里面盛两串玉具以奉事于神。《盘庚篇》里面说的'具乃贝玉',就是这个意思。大概礼之起于祀神,故其字后来从示,其后扩展而为对人,更其后扩展而为吉、凶、军、宾、嘉各种仪制。"

(《批判书·孔墨的批判》)

【原文】

8.5 曾子曰:"以能问于不能,以多问于寡;有若无,实若虚,犯①而不校②,昔者吾友③尝从事于斯矣。"

【注释】

① 犯:冒犯,欺侮。
② 校:音 jiào,计较。
③ 吾友:历来都认为是颜回。

【译文】

曾子说:"有能力却向没有能力的人请教,知识丰富却向知识贫乏的人请教;有了好像没有,充实好像空虚,被欺侮也不计较,我的朋友曾经这样做的。"

【文义解析】

曾子的这段话，说的是一种至高的学问境界，心中执着于对道的追求，胸怀天下之大公而无己身之小私，这是儒家所提倡的学问境界。

曾子的同学颜回就具有这样的境界，他克己复礼，视听言动，非礼不行，凡事遵礼而行，中规中矩。没有多和寡，有和无、虚和实、能和不能、计较和不计较的分野与区别，做到了无人无我，无己无物，体现了一个君子的高尚情操和博大胸怀。

【原文】

8.6 曾子曰："可以托六尺之孤①，可以寄百里之命②，临大节③而不可夺④也。君子人与？君子人也。"

【注释】

① 托六尺之孤：古人以身高七尺为成年，身高六尺是为十五岁以下的孩子。六尺约合现在的1.38米。孤，孤儿。托孤，这里是指接受前君委托辅佐幼主。

② 寄百里之命：寄，寄托。百里，方圆百里的大国。命，指国家的命运。

③ 大节：国家安危，个人生死存亡的大关节处。

④ 夺：摇夺（其志）。

【译文】

曾子说:"可以把六尺的孤儿托付给他,可以把国家的命运寄托给他,面临生死安危的紧要关节处,也不摇夺他的意志,这样的人是君子吗?是君子呀!"

【文义解析】

文质彬彬,然后君子,但君子不止如此。

曾子认为,既有辅佐国君、掌握国运的才能,又有面临生死安危而不被夺志的品德,这种德才兼备、能文能武的人,才是真正的君子。

【原文】

8.7 曾子曰:"士不可以不弘毅①,任重而道远。仁以为己任,不亦重乎?死而后已,不亦远乎?"

【注释】

① 弘毅:弘,弘大,宽广。毅,强毅,刚毅。

【译文】

曾子说:"一个士,不可以不弘大而强毅,因为他担负重且道路远。把实行仁德作为自己的担负,不重吗?这个担子到死才能放下,不远吗?"

【文义解析】

《论语》一书可谓中华儒家文化的源泉,全书共为后世奉献了100多个成语,曾子这段话中就出现了两个:任重道远和死而后已。

曾子的这段话堪称经典并影响深远，对后世的价值观、人才观和责任感具有很大的塑造作用。他认为士人以推行仁道为自己不可推卸的责任，并且要担负终身。这种担负任重而道远，所以弟子们要弘大刚毅，不屈不挠，坚韧不拔。这样，才能担负起行仁于天下的神圣使命，这就是士。

【原文】

8.13 子曰："笃①信好学，守死善道。危邦不入，乱邦不居。天下有道则见②，无道则隐。邦有道，贫且贱焉，耻也；邦无道，富且贵焉，耻也。"

【注释】

① 笃：忠实，坚定。
② 见：通"现"，表现。

【译文】

孔子说："应忠实的相信，又努力学习，坚持固守以至于死，以求善其道。不进入危险的国家，不居住在祸乱的国家。天下太平，就出来工作；天下不太平，就隐藏不出。国家政治清明，贫穷而低贱，是耻辱；国家政治黑暗，富有而高贵，也是耻辱。"

【文义解析】

本章说的是人的学问境界、善道之方和人格操守，主旨是善道。

首先是相信，关键是学，然后是坚守，可以善其道，这是学问的最高境界。不进入也不居在危险的国家，有道现、无道隐，这是善其道的方法。个人贫富荣辱系于国家兴衰存亡，这是人格操守。

总之，本章一切皆为求所以善其道。一个人可以富贵，也可以贫贱；可生，亦可死，而始终坚持的应该是学。如果为学信念不笃诚，就不能做到尽善其道。

子罕篇 · 第九

【原文】

9.4 子绝①四：毋意②，毋必③，毋固④，毋我⑤。

【注释】

① 绝：无，没有。
② 毋意：毋，通"无"。意，通"臆"，无根据的主观猜测，猜疑。
③ 必：必定。
④ 固：固执。
⑤ 我：指私我的偏执，自以为是。

【译文】

孔子没有这四种毛病：不凭空猜测，不绝对必定，不拘泥固执，不唯我独是。

【文义解析】

"四毋"从人的主观意识和认识方面解决了人的四种毛病。

儒家名著《大学》讲，大学就是大人之学。大人之学重在修身，欲修身，先正心；欲正心，先诚意。怎样诚其意？本文的"四毋"就是诚意的良法。

=== 名家品评论语 ===

《论语》说孔子"绝四：毋意，毋必，毋固，毋我"（《论语·子罕》）。"意"是猜度，也就是主观的成见，"毋意"就是没有主观的成见。"言不必信，行不必果"是"毋必"，孔子说他自己是"无可无不可"（《论语·微子》）。他认为行为的标准是可变的，而非固定的，是活的，不是死的，是因时因地为转移的。他的行为"无可无不可"，这就是"毋固"。就是说，不死守教条，可以随时变通。孔子善于向别人学习，"择其善者而从之，其不善者而改之"，就是"毋我"。

照《论语》的记载看起来，孔子对学生所提出的问题的回答，总是因具体的环境和学生的具体思想情况而有不同。孔子的一个学生子路问孔子说："听见一个道理，就立刻照着去行吗？"孔子回答说："还有父兄在上，怎么自己就立刻去行？"又一个学生冉有提出同样的问题。孔子回答说："立刻照着去行。"学生公西华觉得很惑乱，就问孔子，为什么对于同一个问题，回答不同。孔子说：求（冉有）向来松懈，所以我鼓励他前进。由（子路）向来冒失，所以我向后拉他一下（《论语·先进》）。这也是孔子在教育方面"绝四"的一个例证。

照上面所引的，孔子的思想方法，注重闻见，注重证据，注重阙疑，注重引申类推，注重"一贯"，又注重"绝四"。就这一方面说，他的思想方法在一定程度上，是有唯物主义的精神，也有辩证法的味道。

—— 冯友兰《论孔子》

【原文】

9.10 子见齐衰①者、冕衣裳②者与瞽③者，见之，虽少，必作④；过之，必趋⑤。

【注释】

①　齐衰：古代丧服。齐，音 zī，缝缉。衰，通"缞"，音 cuī，粗麻布做的丧服。

②　冕衣裳：冕，贵族所戴的礼帽，后来只有皇帝所戴才称冕。衣是上衣，裳是下衣。古代男子上身穿衣，下身着裙。

③　瞽：盲人。

④　作：站起来。

⑤　趋：小步快走。

【译文】

孔子见到穿丧服的人，穿戴礼帽礼服的人和盲人，在相见的时候，即使他们年轻，孔子也一定要站起来；走过他们身旁时，一定是小步快走。

【文义解析】

孔子非常重视礼对人的教化作用，并且严格要求自己，率先垂范，以礼待人。对于文中的三种人，孔子都以礼相待，他的诚敬之心通过神态举止表露无遗，体现出对他人的同情和尊敬。

【原文】

9.11 颜渊喟然①叹曰："仰之②弥③高，钻之弥坚。瞻④之在前，忽焉在后。夫子循循然⑤善诱⑥人，博我以文，约我以礼，欲罢不能。既竭吾才，如有所立卓尔⑦。虽欲从之，末由⑧也已。"

【注释】

① 喟然：叹息的样子。喟，音 kuì。
② 之：指孔子其人，也指孔子之道。
③ 弥：更加，越发。
④ 瞻：音 zhān，向高处或向远处看。
⑤ 循循然：有步骤，有次序的样子。
⑥ 诱：劝导，教导。
⑦ 卓尔：高大，超群的样子。
⑧ 末由：末，没有。由，路径，办法。

【译文】

颜渊感叹着说："我仰望它，越望越高；我钻研它，越钻越坚。看他在眼前，忽然又像在身后。先生善于有次序、按步骤地教导人，他用文章丰富我的知识，用礼节来约束我的行为，使我想停止学习都不可能。我已用尽自己的才能，好像它还在前面矗立着，高大卓绝。我想再向前追从它，但是已经没有路径了。"

【文义解析】

颜渊是孔子最得意的弟子，孔子对他厚爱有加。同样，颜渊也十分尊崇老师，对老师无比敬仰。本章中，颜回对老师的道德学问之博大精深发出由衷的赞叹，叹服老师难以超越，只能望其项背。

颜渊总结老师通过博文约礼的途径，循循善诱，领他进入学问之门，自己受益匪浅，欲罢不能。

孔子这种"循循善诱"的教育方法，历经千年，广为受用，至今还是广大教育工作者坚持的基本教学原则。

名家品评论语

孔子之所谓道，必须有坚确的知识来支持，所以《论语》中非常重视知识；但他不是以知识为归趋，所以道的主要内容，不在扩充知识。假定以扩充知识为道，则道可以使人知所不知，这即是"道能弘人"。孔子之所谓道，包含有艺能在内，他重视艺能在生活、行为中的意义，所以也特别提出"游于艺"，"艺"是艺能，"游"是熟练的形容。但艺能不是他所说的道德主要内容。若艺能是道的主要内容，则道可以使人能所不能，这也是"道能弘人"。孔子之所谓道，主要是指向生活、行为的意义，由这种意义来提升人生的价值，使人真能成为一个人，亦即《论语》中的所谓"成人"，所谓"君子"。这种意义，因为是与生活、行为联结在一起的，因为是与每一个人每一样事联结在一起的，所以把它加以表达的言，都是平淡平实之言，亦即是有类于朱元晦赞程伊川所说的"布帛之文，菽粟之味，知德者希，孰识其贵"（《朱文公文集》卷八十五）。从纯知识、纯艺能的角度看这种道是不能弘人的。但一进入到人类的行为世界，进入到由人类行为所积累的历史世界，它所含的意义才可彰显出来，此之谓"人能弘道"。

—— 徐复观《向孔子思想性格的回归》

【原文】

9.16 子在川上，曰："逝①者如斯夫！不舍②昼夜。"

【注释】

① 逝：往，过去。
② 舍：止，停留。

【译文】

孔子站在河川上，说："逝去的就像这样呀！日夜不停地流走。"

【文义解析】

本章中孔子的话，是《论语》中关于惜时的名言。

河之流水奔腾不息，人之年华流逝不止。面对永不停息的流水，孔子发出时不我待的感慨。孔子与老子一样，会观水悟道，赞美"水善利万物而不争"是一种包容忍让之美，"千折百回，穿山跳崖"是一种坚韧勇敢之美等多种优点。

在文中，孔子感叹河水之流走如时光之流逝，启示后人不要流连过去，要珍惜今天，自强不息，永不懈怠。

【原文】

9.26 子曰："三军①可夺帅也，匹夫②不可夺志也。"

【注释】

① 三军：周朝的制度。诸侯中的大国可拥有上、中、下三军，中军最尊，上军次之，下军又次之，一军一万二千五百人。天子六军，

大国三军，次国二军，小国一军。后来，"三军"成了军队的通称。

② 匹夫：独夫，一个人。匹，单独。

【译文】

孔子说："一国军队，可以夺取它的主帅；一个男子汉，却不能夺去他的志向。"

【文义解析】

这是孔子关于"志"的千古名言。

此外，还有其他诸多与志有关的名言，如："有志者，事竟成""人惟患无志，有志无有不成者""志不立，天下无可成之事"，都是强调"志"的重大作用。

古代的志，就是现在的理想、志向和志气。

事实上，人有志则进，无志则退。本章中孔子用匹夫和三军作对比，衬托出匹夫之志不可夺的可贵。他说明人的理想、志向、信念要坚定而崇高，人只有在此基础上才可获得高尚的人格和高贵的气质。

【原文】

9.28 子曰："岁寒，然后知松柏之后凋①也。"

【注释】

① 凋：凋零，枯萎。

【译文】

孔子说："天气冷了，才知道松柏树是最后落叶的。"

【文义解析】

成语"岁寒知松柏"就来源于这一名句。

岁寒，指小寒和大寒，是二十四节气中最冷的两个季节。此时，万物凋零而松柏之叶尤青。孔子利用这一现象，揭示出人生哲理：要在恶劣的环境中不变本色，傲然独立，不随波逐流，保持崇高的品格和坚韧的精神。

名家品评论语

立德，要有高尚的志向和操守，要有维护和弘扬人间正气的道义精神，这种道义精神是自己心中的最高信仰，它甚至高于自己的生命。孔子强调君子要有弘毅的品格，维护道义，见义勇为，不谋私利，急赴公难。他说："见义不为，无勇也。见利思义，见危授命。"他强调君子要有坚贞的操守和坚定的意志，在敌人的威胁、利诱面前，决不屈服，"临大节而不移"，他说："三军可夺帅也，匹夫不可夺志也。""志士仁人，无求生以害仁，有杀身以成仁。"这些思想培养了后世许许多多的爱民爱国的民族英雄。

——姜广辉《儒学的道德精神及对它的现实思考》

【原文】

9.29 子曰："知①者不惑，仁者不忧，勇者不惧。"

【注释】

① 知：通"智"。

【译文】

孔子说："有智慧的人不迷惑，有仁德的人不忧愁，有勇气的人不畏惧。"

【文义解析】

"有仁有义，智勇双全"是中国人心目中几近完美的人物形象。

事实上，智、仁、勇这三个概念是"仁"这一最高道德境界的三个方面，是君子必有的基本品质，在儒家道德和中国传统文化中占有高不可攀的地位。

智者，能够分清事理，将其看得明白清楚，所以不迷惑。仁者，胸怀天下，大公无私，不患得患失，所以不忧愁。勇者，满怀正义，凡事义字当前，依义而为，所以不畏惧。

孔子曾对鲁哀公说："知、仁、勇三者，天下之达德也。"是对三者的高度赞美。

《中庸》中说："好学近乎知，力行近乎仁，知耻近乎勇。"这是讲到达这三者的路径。

=== 名家品评论语 ===

子曰："君子道者三，我无能焉，仁者不忧，智者不惑，勇者不惧。"孔子说，凡君子就能如此，但是我不能够。这是哪些事呢？就是"仁者不忧，智者不惑，勇者不惧"。我们在这一块看一看，有件很明显的事情，就是智者与惑，勇者与惧，确实相反的。真正的智者，当然不得惑，真正的勇者，也当然就不惧了。还有一层更可注意的，就是仁者不忧。仁在儒家是很重要的，那是不必言之。儒家批评人，常以仁字去评他，人之生活，也以仁字去评他。但仁是怎么解呢？想解释很难，但我们可以在此发现一点：仁者与忧，是相反的，真仁者不忧，忧者那就是不仁者，和智者之于惑，勇者之于惧是一样的。这就是说仁者是乐的。

—— 梁漱溟《孔子人生哲学大要》

乡党篇 · 第十

【原文】

10.1 孔子于乡党①，恂恂②如也，似不能言者。其在宗庙朝廷③，便便④言，唯谨尔。

【注释】

① 乡党：指家乡。周代五百家为党，一万二千五百家为乡，合称乡党。孔子生于陬邑之昌平乡，后搬到曲阜的阙里，亦称阙党。

② 恂恂：温和恭顺。

③ 朝廷：堂阶前的平地，是臣见君的场所，是帝王接受朝见和办理政事的地方。朝，臣见君为朝。廷，堂阶前的平地。

④ 便便：旧音 pián，辩说，说话明白流畅。

【译文】

孔子在乡里间温和恭顺，好像不能说话一般。他在宗庙、朝廷上，说话明白流畅，只是说得少。

【文义解析】

言谈举止，容貌态度，是个人修养学问的外在体现。

孔子对此尤为重视，他在不同的场合，和不同的人，有不同的言语举止，都有相应的礼节。

知识链接

党作为一个单位组织，至少不晚于周朝，《周礼·地官·大司徒》中规定："令五家为比，使之相保；五比为闾，使之相爱；四闾为族，使之相葬；五族为党，使之相救；五党为州，使之相赒；五州为乡，使之相宾。"意思就是令五家组成一比，使他们互相担保。五比组成一闾，使他们（有事时）可以互相托付。四间组成一族，使他们有丧事时可以互相帮助。五族组成一党，使他们（有灾荒时）互相救助。五党组成一州，使之互相周济。五州组成一乡，使他们（对乡中的贤者）以宾客之礼相待。由此可推算出，古代的政区规划以五百家为一党，一万二千五百家为乡，合而称为乡党。乡党，有本乡、故乡的意思。或说，乡党乃父兄宗族之所在，后来慢慢变成家乡的代称。孔子出生在陬邑的昌平乡，后迁曲阜的阙里。孔子的乡党，就是指这两处地方。

先进篇 · 第十一

【原文】

11.16 子贡问："师与商①也孰贤？"子曰："师也过，商也不及。"曰："然则师愈②与？"子曰："过犹不及。"

【注释】

① 师与商：师，颛孙师，字子张。商，卜商，字子夏。
② 愈：胜，强。

【译文】

子贡问孔子："颛孙师和卜商两个人，谁更贤一些？"孔子说："颛孙师有些过头，卜商有些赶不上。"子贡说："那么该是颛孙师更强一些了？"孔子说："过头和赶不上，一样不好。"

【文义解析】

本章涉及一个重要概念：中庸。

中，就是不偏不倚，恰到好处；庸，就是坚持不改变。中庸就是不偏不倚的、不改变的、平常的道理。中庸也被理解为"中道"，就是不偏于对立双方的任何一方，使之处于均衡状态。中庸又被理解为"中正、平和"，人需要保持中正平和，否则就会喜、怒、哀、乐失调无节制，对健康无益。

中庸被孔子称为最高的道德，是道德行为的最佳适度状态，是一种高度和谐的思想。中庸不是无原则、无标准，也不是和稀泥，而是一种完满的状态。以前和当今，均有人对它存有误解。

本章中孔子说的"过犹不及"，就体现了孔子思想中的"中庸之道"。他的为教原则就是实行中庸之道，认为过度和不及同样不好，适度与和谐才是正好。

如同投篮和打高尔夫，力量过度与不及都不能达到目标，只有力量不大不小、方向不左不右、出手不偏不歪，才能正中目标，达到理想。

名家品评论语

至于所谓的"中庸"，孔子并不仅仅意指节制，而且还指不偏不倚，恰为适中。在中国思想里，此亦是核心的概念。充实而论，而后新儒家思想中阴阳与体用的中和等主张，并没有超出孔子此一概念。

——陈荣捷《孔子的人文主义》

【原文】

11.22 子路问："闻斯行诸？"子曰："有父兄在，如之何其闻斯行之？"冉有问："闻斯行诸？"子曰："闻斯行之。"

公西华曰："由也问闻斯行诸，子曰：'有父兄在'；求也问闻斯行诸，子曰，'闻斯行之'。赤也惑，敢问。"子曰："求也退①，故进之；由也兼人②，故退之。"

【注释】

① 求也退：冉有性格懦弱，遇事常退缩不前。

② 由也兼人：指子路好勇过人。兼人，一人兼数人之所为，性勇敢前。

【译文】

子路问:"听到了,就去做吗?"孔子说:"有父兄在上,哪里能听到就去做呢?"冉有问:"听到了,就去做吗?"孔子说:"听到了,就去做。"

公西华说:"仲由问听到了就去做吗,您说:'有父兄在上(不能这样做)'。冉求问听到了就去做吗,您说:'听到了就去做。'我对此有疑惑,敢再问个明白。"孔子说:"冉求总是退缩,所以我鼓励让他前进;子路好勇过人,所以我抑制让他后退。"

【文义解析】

本章首先讲的是闻与行的关系。至于是闻后即行还是闻后缓行,不同的人会有不同的选择。将正确的闻与适宜的行完美地结合,就叫相得益彰,知行合一。

其次,重要的是讲教育方法。孔子针对不同的人,给予了不同的教育指导,相同的问题,给予了不同的答案,这都体现了他的教育原则和方法:因材施教,灵活多样。

名家品评论语

事实上,在孔子的所言所行上有好多趣事呢。孔子过的日子里那充实的欢乐,完全是合乎人性,合乎人的感情,完全充满艺术的高雅,因为孔子具有深厚的情感,锐敏的感性,高度的优美。孔子的得意高足颜回,不幸早逝,孔子哭得极为伤心。有人问他为什么那么哭,为什么哭得浑身抽搐颤动,他回答说:"我哭得太伤心了吗?我若不这么哭他,我还为谁这么痛苦呢?"

—— 林语堂《孔子的品格》

颜渊篇 · 第十二

【原文】

12.1　颜渊问仁。子曰:"克己复礼①为仁。一日克己复礼,天下归仁②焉。为仁③由己,而由人乎哉?"

颜渊曰:"请问其目④?"子曰:"非礼勿视,非礼勿听,非礼勿言,非礼勿动。"

颜渊曰:"回虽不敏,请事⑤斯语矣!"

【注释】

① 克己复礼:有数种解释。其一,约束己身践行礼义。克,克制,约束。复,践行。其二,战胜自己的私欲回复到礼义的要求上来。克,胜。扬雄《法言》说:"胜己之私谓之克。"复,返回。其他的解释本文不再择取。

② 归仁:归于仁心之中。

③ 为仁:行仁。

④ 目:条目,细则。纲目之目,和纲相对,本意指网上的孔眼。

⑤ 事:从事,实行。

【译文】

颜渊问什么是仁。孔子说:"约束自我来践行礼,那就是仁。只要有一天能这样,便见天下尽归入我心之仁了。行仁全凭自己,还能凭别人吗?"

颜渊说:"请问实行仁的具体方法。"孔子说:"不合礼的事便不看,不合礼的事便不听,不合礼的事便不说,不合礼的事便不做。"

颜渊说:"我虽然驽钝,也要按您说的去做。"

【文义解析】

本章中的话，是孔子的著名言论。

孔子一生都在提倡和践行"克己复礼"，这也是《论语》一书的核心内容。本章就讲明了"仁"与"礼"的关系。

"仁"存于人心，是内在品质。"礼"见之于行，是外在表现形式。孔子认为克制自己，复归于礼，使所有行为都合乎礼，合乎义，就是仁。仁在自己心中，行仁全靠自己，不靠他人，具体的行动条目和路径就是"四勿"。

名家品评论语

什么是"礼"？古人解释说："礼，履也"，就是一个人必须遵守的规范和履行的责任。一方面它是一套外在的制度（即通常所说的"礼制"），一方面它还是一套内在的观念（即后人常说的"道德准则"）。古代中国社会结构和希腊、罗马不太一样，维系中国古代社会结构稳定的不是奴隶主贵族和平民奴隶两大阶层的对立，而是由亲疏远近的血缘关系和上下分明的等级关系混融起来的各阶层的和谐，周王朝尤其如此，它是由长幼分宗、婚姻系连、嫡庶区别等一系列形式建成的一个巨大金字塔式结构，塔尖、塔身、塔基之间既有层层压迫的等级关系，也有相互依存的亲缘关系，使这些关系不至于混乱无序的制度叫作"宗法制度"，而礼就是宗法制度，支持它得以成立的观念就是宗法观念。

—— 葛兆光《中国经典十种》

【原文】

12.2 仲弓问仁。子曰:"出门如见大宾①,使民如承大祭②。己所不欲,勿施于人。在邦无怨,在家③无怨。"仲弓曰:"雍虽不敏,请事斯语矣!"

【注释】

① 大宾:公侯之宾,一般指来访的其他诸侯。
② 大祭:祭祀天、地、太庙的大型祭礼。
③ 在家:刘宝楠《论语正义》说:"在邦谓仕于诸侯之邦,在家谓仕于卿大夫之家也。"

【译文】

仲弓问怎样才能做到仁。孔子说:"平时出门(工作)好像去接待贵宾,役使百姓好像去承当大祭典(谨慎严肃)。自己不喜欢的事物,不要强加于他人的身上。无论在邦国中还是卿大夫家中,都没有怨恨。"

仲弓说:"我虽然驽钝,也要按照您说的去做。"

【文义解析】

本章和上一章"颜渊问仁"章的开头和结尾形式相似,但是内容不同,重点不一。上一章是自律,对自己要严格;这一章是待人,对别人要尊重。

孔子极重仁。仁具有十分丰富的内涵,以至于孔子对不同的弟子有着不同的关于仁的解释。

本章中孔子对从政的仲弓是从齐家治国方面来解释仁。出门如见大宾,使民如承大祭,是对人敬;己所不欲,勿施于人,是对人恕。无论在邦侍奉诸侯还是在家侍奉卿大夫,都不怨天尤人,这是对人能敬能恕,做到这些,就是仁。可见,敬和恕,是仁的两个不同侧面。

【原文】

12.5 司马牛忧曰："人皆有兄弟，我独亡①。"子夏曰："商闻之矣：死生有命，富贵在天。君子敬而无失，与人恭而有礼。四海之内，皆兄弟也。君子何患乎无兄弟也。"

【注释】

① 亡：通"无"。司马牛的两个哥哥、两个弟弟均在宋国作乱，他因此受到牵连出走他国，流离无归，凄然孤立。

【译文】

司马牛忧愁地说："别人都有兄弟，唯独我没有。"子夏说："我听说过：死生由命运安排，富贵由上天安排。君子只要能敬重，做事没有差错，对人能恭敬有礼，那四海之内都是你的兄弟呀！君子何必担心没有兄弟呢？"

【文义解析】

《论语》一书，名句迭出。本章中的"死生有命，富贵在天""恭而有礼，敬而无失""四海之内皆兄弟"等语被广为使用并流传至今。

司马牛有四个兄弟，都在宋国作乱，其后有的亡，有的逃，只有他自己坚守正道，并以兄弟为耻，所以说自己没有兄弟。

本章中子夏所说的内容，是闻于老师孔子。孔子认为，死和生，不由自己主宰；富与贵，也由境遇所限制。君子只要重仁厚德，持中守正，做事敬而无失，对人恭敬有礼，四海之内的人都乐意和他交友，成为兄弟。

【原文】

12.10　子张问崇德①辨惑。子曰："主忠信，徙义②，崇德也。爱之欲其生，恶之欲其死。既欲其生，又欲其死，惑也。""诚不以富，亦祇以异③。"

【注释】

① 崇德：充实道德，提高道德修养水平。崇即充。

② 徙义：也叫迁善，向义靠拢，改变自己不合理的想法使之合于义。主忠信则

本立，徙义则日新，这是崇德之法。徙，迁徙，靠拢。

③ 诚不以富，亦祇以异：诚，确实。以，因为。祇：音 zhǐ，只，仅仅。异，

转移，变化。该句是《诗经·小雅·我行其野》中的最后两句，历来很多人以为是错简，应在第十六篇齐景公有马千驷章。

【译文】

子张问如何提高品德，辨别迷惑。孔子说："以忠诚守信为主，闻义，就迁而从之，这样就可以提高品德。喜爱一个人，便想让他生，厌恶一个人，又想让他死。既要他生，又要他死，这就是迷惑。""（你之所以抛弃我）其实并不是她家比我家富，而只是因为你变了心。"

【文义解析】

本章主要讲个人的道德修养应以忠信为基础，思想行为要以义为准则。

爱憎分明是美德，但走向极端就过于主观而失去理性，会导致好恶无常，前后反复，最终是昏惑更甚。所以要有仁有智也有义，方能明心见性，充实道德，分辨迷惑。

名家品评论语

仁之表现为事功。在孔子思想中,仁心之表现为事功,以遂民之情,适民之欲。因而改造经济物质环境、建立社会秩序与政治制度等等适度满足人群的普通需求,如前述文化生活环境设计之部分者,最易为吾人所理解。盖此情与欲浮现于仁心之上层,其需要与满足,最易发现,亦最易认知。古今政治家的心力,无不集中于此。孔子自不例外,故赞许管仲之功曰:"如其仁!如其仁!"而孔子恓恓惶惶,志在行道,然具体言之,仍不外蕲求前述文化生活环境构想之全部实现,以顺其道德化的事功,而达到老安、少怀、友信的目的。尽管孔子和管仲对事功显现之层次境界有高低之不同,但他们都希望对事功有所创建,可以说是殊无二致。于是孔门弟子中遂有事功派之产生,如子路、子贡、冉求、宰予、子张等,即其著者。

—— 林继平《孔子奠定中国人文思想之基础》

【原文】

12.14 子张问政。子曰:"居之①无倦,行之②以忠。"

【注释】

① 居之:一说居于位,二说居于心。
② 行之:一说行于事,二说行于民。

【译文】

子张问如何理政。孔子说:"居于官位不倦怠,执行政令要忠心。"

【文义解析】

本章讲的是从政为官的两个标准和要求:一要忠诚,二要勤奋。

身居官位,首先要忠实地执行君命,忠于职守。然后是勤政爱政,始终如一,不言倦怠。这样方可以执政为民,为官一任,造福一方。

名家品评论语

孔子讲的人格标准,凡是人都要遵守的,并不因地位的高下生出义务的轻重来。常人开口便说:"孔子之教是三纲五伦。"这话要仔细考究。五伦说是孔子所有,三纲说是孔子所无。诸君不信,试将孔子自著的书和七十子后学者记孔子的话一字不漏地翻读一遍,看是否有"君为臣纲,父为子纲,夫为妻纲"这种片面的伦理学说。我只听见孔子说:"父父子子,兄兄弟弟,夫夫妇妇,而家道正。"(《易经·家人卦》)我只听孔子说:"君君臣臣,父父子子。"(《论语》)还听见董仲舒解这两句话,说道:"父不父则子不子,君不君则臣不臣耳。"(《春秋繁露·玉杯》篇)倒像责备臣子反较宽,责备君父反较严了。孔子说的"君君臣臣,父父子子",是从"仁者人也"演绎出来。既做人便要尽人道,在人里头作了君,便要尽君道,做了臣便要尽臣道。"为人君,止于仁;为人臣,止于敬;为人子,止于孝;为人父,止于慈;与国人交,止于信。"全然是相互的关系,如此才是"相人偶"。所以孔子所说,是平等的人格主义。

—— 梁启超《"仁"与"君子"》

【原文】

12.16 子曰:"君子成人之美,不成人之恶。小人反是。"

【译文】

孔子说:"君子成全别人的好事,不成全别人的坏事。小人与此相反。"

【文义解析】

君子,人格高尚、道德高贵、品行高洁,仁爱为怀,与人为善,乐于帮助别人成全好事,成就功德。小人正好与此相反,人格低下,道德低劣,品行低俗,作恶多端,幸灾乐祸,惯于帮人成全坏事。

名家品评论语

"君子"在最初既非"道德之称",更不是"天子至民"的"通称",而是贵族在位者的专称。下层庶民纵有道德也不配称为"君子",因为他们另有"小人"的专名。"君子"之逐渐从身份地位的概念取得道德品质的内涵自然是一个长期演变的过程。这个过程大概在孔子之前早已开始,但却完成在孔子的手里。《论语》一书关于"君子"的种种探讨显然偏重在道德品质一方面。

—— 余英时《儒家"君子"的理想》

【原文】

12.17 季康子①问政于孔子。孔子对曰:"政者,正也,子帅②以正,孰敢不正?"

【注释】

① 季康子:姬姓,名肥,季氏,谥号康,史称"季康子"。季平子生季桓子,

季桓子生季康子,季康子事鲁哀公,他位高权重,是当时鲁国的权臣。

② 帅:通"率",领导。

【译文】

季康子向孔子问为政之道。孔子说:"政就是正的意思,你自己率先用正道来领导民众,在下的有谁敢不正呢?"

【文义解析】

本章的对话表明,孔子的政治思想,对为政者自身素质要求十分严格。

正人先正己,己正然后百姓正。为政者首先要以身作则,率先垂范,百姓才能跟从走上正道。这种为政以德、讲求修身的思想是我国古代封建社会中人文治理的基础,至今仍有极高的价值。

【原文】

12.19 季康子问政于孔子曰:"如杀无道①,以就②有道③,何如?"孔子对曰:"子为政,焉用杀?子欲善,而民善矣。君子之德,风;

小人之德，草。草，上之风④，必偃⑤。"

【注释】

① 无道：指不遵守章法规矩的（坏）人。
② 就：成就。
③ 有道：社会的正轨，也可指遵守章法规矩的（好）人。
④ 草，上之风：风加之于草。
⑤ 偃：倒，仆。

【译文】

季康子向孔子请教为政之道，说："如果杀掉坏人以成就好人，怎么样？"孔子说："您处理政事，哪里还要用杀人的手段呢？您要是行善，民众就跟着行善了。在上位的品德好像风，在下位的品德好像草。风加在草上，草必然会倒。"

【文义解析】

孔子一向主张"德政"，反对"刑政"，提倡以德治国，反对严刑峻法。在政治效应上，要求施政者以身作则，正其身施其政，以德政使民心归服，百姓就不会作奸犯科，社会就会和谐稳定。如果采用"刑政"，滥杀无辜，民心就会分崩离析，埋下危险的种子，社会就会变得不安甚至分裂。

【原文】

12.22 樊迟问仁。子曰："爱人。"问知。子曰："知人。"樊迟未达①。子曰："举直错诸枉，能使枉者直②。"樊迟退，见子夏曰：

"乡③也吾见于夫子而问知。子曰，'举直错诸枉，能使枉者直'，何谓也？"子夏曰："富哉言乎！舜有天下，选于众，举皋陶④，不仁者远矣。汤⑤有天下，选于众，举伊尹⑥，不仁者远矣。"

【注释】

① 达：明白。

② 举直错诸枉，能使枉者直：注释见《为政》篇第十九章。

③ 乡：通"向"，音 xiàng，过去，前时。

④ 皋陶：音 gāo yáo，传说中舜时执掌刑狱的大臣。

⑤ 汤：即成汤，商汤（约公元前1670——前1587年），河南商丘人，商朝的开国君主。

⑥ 伊尹：伊姓，名挚，尹，宰相。因辅助成汤灭夏兴商，而被封为宰相。

【译文】

樊迟问如何是仁。孔子说："爱人。"又问如何是智。孔子说："知人。"樊迟听了不明白。孔子说："把正直的人提拔上来，使他们的位置在不正直的人上面，就能使不正直的人变正直。"樊迟退下，见到子夏说："刚才我去见老师，问他什么是智，他说'把正直的人提拔上来，使他们的位置在不正直的人上面，能使不正直的人变得正直。'这是什么意思？"子夏说："这话中的含义多丰富呀！舜有了天下，在众人中挑选，把皋陶提拔上来，不仁的人就远离了。商汤有了天下，在众人中挑选，把伊尹提拔上来，那些不仁的人就远离了。"

【文义解析】

本章主要讲"仁"和"智"两方面的内容。

儒学即仁学，"仁"是孔子伦理思想的核心，是人最高的精神境界，是对他人的好和爱。

"智"是五常之一，意为理解别人。有知人之明，能知道一个人的是非好坏，善恶曲直。然后才能知人善任，选举正直的人出仕为官。

樊迟只明白仁而不明白智，所以子夏举例说明知人的重大作用。

名家品评论语

孔子答复樊迟问仁中之一，是"仁者爱人"。《论语》有许多与"爱人"相关联的意思。到了孟子说到仁的时候，便多以爱人这一点上去引申发挥。

西汉董仲舒的《春秋繁露·仁义法篇》说："仁之为言人也。仁之法在爱人，不在爱我。"这当然是继承"仁者爱人"的说法。许叔重《说文解字》仁字下云："仁亲也。从人二。"从人二，犹言从二人。即仁要由人与人的关系而见。郑康成《礼记·中庸》注"仁读如相人耦之人"。阮元谓："人耦者，犹言尔我亲爱之词也"。凡汉儒释仁，都以"爱人"立论。仅赵岐《孟子·存其心章》注谓"天道好生，仁人亦好生"。此为以"生"训仁之始，似较"爱"为深一层，然亦由爱而发。

综上所述，可以说"爱人"确是仁的一种主要内容。

—— 徐复观《释〈论语〉的"仁"——孔学新论》

【原文】

12.23 子贡问友。子曰:"忠告而善道①之,不可则止,毋自辱焉。"

【注释】

① 道:通"导",引导。

【译文】

子贡问交友之道。孔子说:"忠心地劝告他,好好地引导他,他不听从,也就罢了,不要自取其辱。"

【文义解析】

什么是真正的交友之道?

一是志同道合,互帮互助,友好相处。

二是对友人之错,要忠言善语加以劝导,努力让朋友改错归正。如果拒不接受,就不要强加于人,以免自取其辱。

【原文】

12.24 曾子曰:"君子以文会友,以友辅仁。"

【译文】

曾子说:"君子用文章道德来聚会朋友,用朋友来帮助自己培养仁德。"

【文义解析】

君子交友,自有其道。

君子有怎样的交友之道?答案就是:用文章道德,作为交友的方法;

以培养仁德,作为交友的目的。学而为友,故有朋自远方来;学而为君,故四海之内皆兄弟。

《说苑·说从》说:"贤师良友在其侧,诗书礼乐陈其前,弃而不善者,鲜矣。"

子路篇 · 第十三

【原文】

13.17 子夏为莒父①宰，问政。子曰："无②欲速，无见小利。欲速，则不达；见小利，则大事不成。"

【注释】

① 莒父：鲁国的一个城邑，在今山东莒县境内。一说在山东高密市东南。

② 无：通"毋"，戒止之辞。

【译文】

子夏做了莒父的长官，问施政之道。孔子说："不要求速成，不要只顾小利。求速成，反而达不到目的；只顾小利，就办不成大事。"

【文义解析】

本章是说为政要有战略规则和长远目标，不要急功近利，也不要因小失大。

《吕氏春秋》中说："利不可两得，忠不可兼备。"不放弃小利，就可能得不到大利。不放弃小忠，就可能得不到大忠。

《三国演义》中，袁绍"干大事而惜身，见小利而忘命，非英雄也"，就是个不会取舍的典型例子。

【原文】

13.23 子曰："君子和①而不同②，小人同而不和。"

【注释】

① 和：不同的东西相互补充，相互制衡，构成和谐完整的整体，形成一定的功能叫作和。构成整体的各部分彼此不同，如酸、甜、苦、辣、咸五味可以调和出美食，钟、鼓、琴、瑟、笙等不同的乐器可以合奏出美妙的音乐。

② 同：一样的东西相加，叫作同。它各方面之间无差别，相类同。本句为苟同，意为对不同的意见不管是否正确，只是一味地附和赞同。

【译文】

孔子说："君子讲求和谐而不苟同附和，小人只求苟同附和而不讲求和谐。"

【文义解析】

和与同是中国文化史上的一对重要概念。其中，和是中国传统文化的本质与核心，既是境界，也是方法。中国传统文化讲究天地和，天人和，人物和，人人和。

"和而不同"是孔子思想体系中的重要组成部分。君子尚德义，能包容不同，故能"和"。小人尚财利，只求相同，不求相异，故不能"和"。

【原文】

13.24 子贡问曰："乡人皆好之，何如？"子曰："未可也。""乡人皆恶之，何如？"子曰："未可也。不如乡人之善者好之，其不善者恶之。"

【译文】

子贡问孔子说:"全乡的人都喜欢他,这样的人怎么样?"孔子说:"还不行。"子贡又问:"全乡的人都厌恶他,这样的人怎么样?"孔子说:"也还不行。不如全乡中的好人喜欢他,全乡中的坏人厌恶他。"

【文义解析】

本章讲的是如何正确评价人的问题。

想要正确地认识、评价一个人,客观上并不容易。孔子在本章中讲出了他的评价标准和原则:不以众人的好恶为标准,而以人的善恶为标准。众人都好之人,可能是同流合污之人;众人皆恶之人,也不可能是一无是处之人。听取众人的舆论很重要,但舆论有时会误导大众,所以还要透过舆论,具体看是被什么人喜欢,被什么人反对,最好是善人喜欢他,恶人厌恶他。这样的人,即使不会受到所有人的喜欢,但仍然不失为好人。

【原文】

13.25 子曰:"君子易事①而难说②也。说之不以道,不说也;及其使人也,器之③。小人难事而易说也。说之虽不以道,说也;及其使人也,求备④焉。"

【注释】

① 易事:易于相处共事,或易于事奉、服侍。
② 难说:难于讨得他人的喜欢。说,通"悦"。
③ 器之:因其材器所宜而使用之,量才用人。

④ 求备：求全责备。

【译文】

孔子说："君子易于和他共事，但难以取得他的喜欢。用不合道义的方式去讨他的欢喜，他是不会喜欢的。等他使用人的时候，却按能力大小量才用人。小人难于相处共事，却易于讨他欢喜。用不合道义的方式去讨他的欢喜，他会喜欢的。等他使用人的时候，便百般挑剔，求全责备。"

【文义解析】

本章讲出了君子和小人的重要区别。

君子，坚持操守，知人善任，量才使用，避其短而取其长，故易于共事。君子坚持正道，讲究原则，不以物喜，不以己悲，不以自己的好恶为标准，而是以公正道义为标准，故难以取悦。易事而难悦是君子的特点。

小人缺乏操守道德，不讲道义原则，做事以私利为思想出发点，不考虑全局，所以容易取悦他，但是很难与他共事。

名家品评论语

"君子"既是"仁者"，则欲为"君子"，必自修养自己内在的仁德始。所以，"克己""自省"成为入德的基础功夫。孔子说："见贤思齐焉，见不贤而内自省也。"（《里仁》）他的弟子曾参也说："吾日三省吾身，为人谋而不忠乎？与朋友交而不信乎？传不习乎？"说得再深一层便是上面已引过的"克己复礼为仁""为仁由己，而由人乎哉"那一段话了。

孔子又把这种"自省""由己"的精神加以普遍化，而成为

下面的公式："君子求诸己，小人求诸人。"（《卫灵公》）

"君子"在培养个人的道德品质这一点上完全是对自己负责，而不在求得他人的称誉甚至是了解。故《论语》开章明义便说："人不知而不愠，不亦君子乎？"此外如"不患人之不己知"这句话更是孔子反复强调的（见《学而》《宪问》《卫灵公》）。从反面说，"君子"尤当随时自察过失而严格自责。子曰："已矣乎！吾未见能见其过而自内讼者也。"（《公冶长》）

"君子"在道德修养方面必须不断地"反求诸己"，层层向内转。但是由于"君子之道"即是"仁道"，其目的不在自我解脱，而在"推己及人"，拯救天下。所以"君子之道"同时又必须层层向外推，不能止于自了。后来《大学》中的八条目之所以必须往复言之，即在说明儒学有此"内转"和"外推"两重过程。这也是后世所说的"内圣外王"之道。简单地说，这是以自我为中心开展的一往一复的循环圈。而这一循环圈远在孔子的时代便已经开始了。

——余英时《儒家"君子"的思想》

【原文】

13.26 子曰："君子泰而不骄,小人骄而不泰。"

【译文】

孔子说："君子安详舒泰而不骄傲凌人,小人骄傲凌人而不安详舒泰。"

【文义解析】

本章主要从人的神态和情绪上对君子和小人加以区别。

君子胸怀宽广,心无偏私,秉持公道正义,做事"义"字当先,对人心平气和,故能安详舒泰而不骄傲凌人。小人胸怀狭窄,心存偏私,常常见利忘义,天天患得患失,一旦占有就趾高气昂,目中无人,骄纵跋扈,故唯骄傲凌人而不能安详舒泰。

【原文】

13.27 子曰："刚、毅①、木②、讷③近仁。"

【注释】

① 毅:果敢,坚毅。

② 木:质朴。

③ 讷:说话迟钝,引申为不轻易言语。

【译文】

孔子说："刚强、果敢、质朴、言语谨慎,这四者都近仁。"

【文义解析】

"仁"是人格的最高境界，常人一般难以达到，但是可以从"刚、毅、木、讷"这四种基本的美好品质做起。

刚，刚强，就是不为欲望所动摇。

毅，坚毅，就是不为困难威胁而低头。

木，质朴，就是为人敦厚朴实。

讷，言迟，就是言语缓慢谨慎。

孔子之所以说这四种品质近仁，是因为这四种品质出于天性，存于人心，还没有经过人为的加工，尤其是还没经过后天意识的反向加工。因此，从对以上四种美好品质的加工、修饰和润色着手做起，经过一定的努力学习，就能够开发出仁的本性，接近或到达人格的最高境界——仁。

宪问篇 · 第十四

【原文】

1.1　宪①问耻。子曰:"邦有道,谷②;邦无道,谷,耻也。"

【注释】

① 宪:原宪,字子思,小孔子三十六岁,孔子的学生,曾做过孔子的管家。

② 谷:粮食。古时以粮食充当俸禄。此处用作动词,意为领取俸禄,指做官。

【译文】

原宪问如何叫耻辱。孔子说:"国家政治清明,做官领取俸禄;国家政治黑暗,还做官领取俸禄,这就是耻辱。"

【原文】

14.2　"克①、伐②、怨、欲③,不行④焉,可以为⑤仁矣?"子曰:"可以为难矣,仁则吾不知也。"

【注释】

① 克:争强好胜。

② 伐:自我夸耀。

③ 欲:贪欲,私欲。

④ 不行:遏制使不行于外。

⑤ 为:通"谓",音 wèi。

【译文】

"好胜、自夸、怨恨和贪欲,这四者都能制止使其不行于外,这可以说是仁人了吗?"孔子说:"可以说是难能可贵了,如说是仁人,那我就不知道了。"

【文义解析】

克服本章中的四种毛病,能够有益于己,但不能够有益于人,都属于不为不善,还不是善,所以孔子认为,做到这些已经难能可贵,但还不够仁。孔子说,刚、毅、木、讷近仁,与这四种毛病正好相反。如真想到达仁的境界,那就是"爱人",表现出来,就是温、和、慈、良。

【原文】

14.3 子曰:"士而怀居①,不足以为士矣。"

【注释】

① 怀居:怀,思念,留恋。居,家居,安居。

【译文】

孔子说:"士,如果留恋家居之安逸,那就够不上做士了。"

【文义解析】

春秋时代,士属于统治阶级中次于卿大夫的贵族阶层,其使命是出仕做官,推行道义,以为世用,而不是身居家室,贪图安逸,为家忘国。

孔子还说:"士志于道,而耻恶衣恶食者,未足与议也。"与本章的思想大同小异。

知识链接

孔子生活在春秋的中后期，他最早提出"士"的理论标准是严于律己、忠君爱国。孔子把"士"作为一种理想的社会人格，在一定程度上，和"君子"的概念有些重叠。若加以细分，则"士"的德行修养要比"君子"略低，也可以说"士"是有志于成为"君子"的人。"士而怀居，不足以为士矣。"这说明当时的士在现实社会中的生活状况，他们没有固定的职业，四处游说以求上进。在《论语》一书中，也有孔子的学生们谈论士的言语，这些言语多少反映了孔子对士的看法。如曾子说："士不可以不弘毅，任重而道远。仁以为己任，不亦重乎？死而后已，不亦远乎？"在这里，士被赋予了以仁义为己任的庄严的历史使命，他们不再仅仅是下层的贵族，而且还是孔子理想中的一种社会角色。

【原文】

14.4 子曰："邦有道，危①言危行。邦无道，危行言孙②。"

【注释】

① 危：正，正直。
② 孙：通"逊"。

【译文】

孔子说:"国家政治清明,言语正直,行为正直。国家政治黑暗,行为正直,但言语当谦顺谨慎。"

【文义解析】

本章讲的是做人与为政之道。孔子学问中,要求所有行为以保守道义为最高原则,同时又主张重生保身,进退有度。

君子身处政治清明之治世,可以直言直行。但身处政治黑暗之乱世,可以直行,不可以直言,而应该谨慎言语,避免祸端。这样,无论乱世还是治世,均可不忘初心,安身立命。

名家品评论语

不问条件,一味地出世,不问条件,一味地入世,虽说难能,但并不为孔子所取,因为那都是"固"。只有能做到当进则进,当退则退,没有一个固定的"可"与"不可",不固于出、处、语、默,与时俱进,才称得上圣人。这样的态度,《中庸》上名之为"时中";"君子中庸,小人反中庸。君子之中庸也,君子而时中;小人之中庸也,小人而无忌惮也。"君子的"中庸",是随时而中;小人也有自己的"中庸",特点是"无所忌惮",大概是不"复礼"的意思。于是"君子"的时中就是真中庸,"小人"的无忌惮的中庸则成了反中庸。

—— 庞朴《论孔子的思想中心》

【原文】

14.23 子曰："君子上达①，小人下达①。"

【注释】

① 上达，下达：南朝梁儒家学者皇侃在《论语义疏》中说："上达者，达于仁义；下达者，达于财利。"

【译文】

孔子说："君子通达于仁义，小人通达于财利。"

【文义解析】

孔子多次提出君子和小人的不同。

本章孔子认为两者的不同在于人生的终极追求不同：君子一生追求道义，小人一生追求财利。正是因为这两种人生终极追求的不同，从而产生了人生观、价值观、利益观和金钱观的不同。

【原文】

14.24 子曰："古之学者为己，今之学者为人。"

【译文】

孔子说："古代的学者，是为自己而学的（目的在于修养自己的学问道德），现在的学者，是为他人而学的（目的在于装饰自己，给别人看）。"

【文义解析】

本章说明了古今学者学习目的的不同。

古之为学是为己之学，目的在于完善自己，学者是在自己身上下功夫，通过诚心、正意、修身，然后齐家、治国、平天下。其重点在于通过勤学提高自己的道德学问境界。

今之为学是为人之学，目的在于取悦别人，获得别人的肯定和嘉许，以此来展示自己的作用和价值。他不是为了提高自己的道德学问水平，而在于装饰自己，靠学问追名逐利。

后来的荀子与孔子持相同的观点，在《荀子·劝学篇》中他说："君子之学也，以美其身；小人之学也，以为禽犊。"意思就是君子求学问，是为了使自己具有美好的品德；小人求学问，是将它当作像家禽小牛一样的礼物馈赠别人，以取悦别人。

名家品评论语

古代男子二十岁要行冠礼，表示已经"成人"，这时他就要为自己的道德行为负责，所以修德、完善自己是一件很重要的事情。儒家学说，概括地说，可以称为"学做人"的学问，儒学之道即是做人之道，这是一种处世、应世的哲学，这对每个人来说是很切近的。做人的道理，可以由别人来指导，但真正的理解和体悟，则要靠自己。孔子学说的真正魅力就在于：它循循善诱，引导人们对人生真谛的洞彻。

——姜广辉《儒学的道德精神及对它的现实思考》

【原文】

14.27 子曰:"君子耻其言而①过其行。"

【注释】

① 而:用法同"之"。黄侃所据本,这一"而"字都作"之"。

【译文】

孔子说:"君子以他的说话超过了他的行为为耻。"

【文义解析】

本章讲的是言和行的关系。

关于言和行的关系,大体有三种:第一种关系是言过其行,第二种关系是言行一致,第三种关系是行过其言。很明显,孔子反对言过其行,并以此为耻。孔子提倡言行一致,也说过"先行其言而后从之",这都是很好的做人准则。

说到就该做到,否则就不要过早做出承诺,言过其行不仅无益,甚至有害。

【原文】

14.29 子贡方①人。子曰:"赐也贤乎哉?夫我则不暇。"

【注释】

① 方:批评。
② 夫:指方人。

【译文】

子贡批评别人。孔子说:"赐啊!你就够好了吗?我可没有时间去批评别人。"

【文义解析】

孔子治学,注重的是提高自身修养和道德品质,讲究内求诸己,不能心驰于外。面对别人时,不应该轻易去评价他们的是非长短,而应该见贤思齐,见不贤而内自省,把注意力和功夫用在自己身上而不是他人身上。

【原文】

14.30 子曰:"不患人之不己知,患其不能也。"

【译文】

孔子说:"不要愁别人不知道自己,要愁自己的不能。"

【文义解析】

本章说明自强的重要性。

为人立身处世,最关键的不是不为人知,而是要有真才实学。人不应过分地炫耀自己,致使名不副实,而应脚踏实地,提高自己的修为和学养,增加自己的本领和能力,这样才能名副其实,德能相配。

【原文】

14.34 或曰:"以德报怨,何如?"子曰:"何以报德?以直①报怨,以德报德。"

【注释】

① 直:公平正直。

【译文】

有人说:"用恩德来报答怨恨,怎么样?"孔子说:"那用什么来报答恩德呢?用公平正直来回报怨恨,用恩德来报答恩德。"

【文义解析】

本章讲的是怎样回报别人的德和怨的问题。

以恩德回报恩德,是人之常情;

以恩德回报怨恨,看起来是宽恕,但不够正直;

以怨恨回报怨恨,是一种恶性循环,将失去和谐;

以怨恨回报恩德,是对人过于凶恶,失去人之善性;

只有以公平正直来回报怨恨,才显得公正合理,不失原则。

【原文】

14.38 子路宿于石门①。晨门②曰:"奚自?"子路曰:"自孔氏。"曰:"是知其不可而为之者与?"

【注释】

① 石门:鲁国外城门。

② 晨门：晨开夜闭的守门人。

【译文】

子路在石门住了一宿，（次日清晨进城）守门人问他："你从哪里来？"子路说："从孔子那里来。"守门人说："就是那个明知做不成还要去做的人吗？"

【文义解析】

"知其不可而为之"是孔子一生精神上的高度总结。

孔子当世，礼崩乐坏，大道不行。对于道之不行，凡人的态度是知其不可而避之，或知其不可而弃之，但圣人的态度是知其不可而为之。已经"知其不可"却又"一意孤行"的"为之"，显示出一种伟大的、绝不平庸的、孤绝的人格与精神。这是一种古典的、悲剧式的崇高，是人类精神超绝一切生物之上的证明。

圣人的伟大，正缘于此。

【原文】

14.42 子路问君子①。子曰："修己以敬。"曰："如斯而已乎？"曰："修己以安人②。"曰："如斯而已乎？"曰："修己以安百姓。修己以安百姓，尧舜其犹病③诸。"

【注释】

① 君子：指在上位者。
② 人：古代"人"字有广狭两义。广义的"人"指一切人群。狭义的"人"只指士大夫以上各阶层的人，常和"民"对言。

③ 病：担心。

【译文】

　　子路问怎样才能算君子。孔子说："修养自己，做到庄正恭敬。"子路说："这样就够了吗？"孔子说："修养自己，使周围的人安乐。"子路说："这样就够了吗？"孔子说："修养自己，使所有老百姓安乐。修养自己，使所有老百姓安乐，就连尧舜也担心做不到呀！"

【文义解析】

　　本章通过子路与孔子的三问三答，道出了君子由低到高的三种层次，突出了修养自己的基础作用。

　　第一层：君子。孔子说，把自身修养好，做到庄正恭敬，就是君子。

　　第二层：仁人。把自己修养好，做到己欲立而立人，己欲达而达人，能让周围的人安乐，就是仁人。

　　第三层：圣人。把自己修养好，做到博施于民而能济众，能安定天下百姓，就是圣人。

　　这三种层次依次升高，在《大学》中就是由诚意、正心、修身到齐家、治国，最后到平天下的过程。这也是一个由己推人的过程，其关键基础是修身。

=== 名家品评论语 ===

　　孔子以"修己以敬"来界定"君子"的涵义，显然是从内在本质着眼。这和"克己复礼""为仁由己""反求诸己"是一贯的。但是"好勇"过于孔子的子路却不以此为满足，因为他是一个行动型的人物，所最关心的是"君子"如何才能有益于社会。孔子针对他的特殊关怀而推到"修己以安人"。此"人"字所指或尚是"君子"左右的家人亲友乡党之类。故子路仍不满足。最后孔子才推到"百姓",这在当时乃是指全"天下"的人而言。若用《大学》的语言来表示,便是由诚意、正心、修身外推到齐家、治国,以至于平天下。

——余英时《儒家"君子"的理想》

卫灵公篇·第十五

【原文】

15.2 在陈绝粮,从者病,莫能兴①。子路愠②见曰:"君子亦有穷乎?"子曰:"君子固穷③,小人穷斯滥④矣。"

【注释】

① 莫能兴:因饿而不能起。兴,起。

② 愠:生气,怨恨,怒。

③ 固穷:穷却能坚守其道而不变。穷,穷困于道,非钱财上的贫穷之意。

④ 滥:如水漫溢,四处流淌,漫无正向。指人失去操守和原则。

【译文】

孔子一行在陈国断绝了粮食,从行的弟子都饿病了,站不起来。子路很不高兴地来见孔子,说:"君子也有穷困的时候吗?"孔子说:"君子虽然穷困,却能坚守其道而不废。小人穷困,便言行放滥,没了操守和原则。"

【文义解析】

本章中子路和孔子的问答,涉及了道德信仰的问题。鲍鹏山曾讲到人对道德的信仰,有三种境界:

第一种,不信道德有好处,不守道德。这种人不做好人,做坏人,是最低的境界。

第二种,相信道德有好处,谨守道德。这种人相信好人有好报,生活中大多数人属于此类,都是好人。

第三种,不信道德有现实的好处,仍然谨守道德。这种人认识到道德是人的天命,做好人是人的义务,是最高的境界。

子路正好处于第二种境界,认为自己身为君子,一心秉持道德和操守,应该处处通达、生活无忧,想不到却遭到厄运、身处窘境,于是对操守的信念提出了怀疑。因此,老师告诉他:君子讲原则,讲道德,道德虽然不能保证人们成功,但是能保证人们成人。小人只讲私利,不讲道义,一遇到穷困,便没有了道德操守和处世原则。

【原文】

15.6 子张问行①。子曰:"言忠②信③,行笃④敬,虽蛮貊⑤之邦,行矣;言不忠信,行不笃敬,虽州里⑥,行乎哉?立,则见其参⑦于前也;在舆⑧,则见其倚于衡⑨也。夫然后行。"子张书诸绅⑩。

【注释】

① 行:行得通,通达。

② 忠:忠诚。

③ 信:说话算数。

④ 笃:厚实,忠厚。

⑤ 蛮貊:是对文化落后的其他民族的称呼。南方为蛮,北方为貊。

⑥ 州里:五家为邻,五邻为里,五党为州,两千五百家。州里指本乡本土。

⑦ 参:排列,显现。

⑧ 舆:车厢。

⑨ 衡:车辕前面的横木。

⑩ 绅:士大夫等系在腰间一头下垂的宽大衣带。

【译文】

子张问如何才能使自己行得通。孔子说:"言语忠诚守信,行为忠厚恭敬,即使到了别的部族国家,也能行得通。如果言语欺诈无信,行为刻薄轻浮,即使在本乡本土,就能行得通吗?站立的时候,就像看见'忠、信、笃、敬'几个字排列在面前;在车厢中,就像看见'忠、信、笃、敬'几个字刻在前面的横木上。能这样,就会到处行得通。"子张把这些话写在衣带上。

【文义解析】

本章讲的是出门做事行得通的原则,那就是忠信笃敬。

做人忠诚守信,使人觉得可靠;行事笃实恭敬,使人觉得踏实。做到忠信笃敬,就可以行走四方而畅通无阻。对于这个原则要时刻不忘,无论站立与行走,都片刻不离,如影相随。这种功夫修炼得越久越好,然后,人的一言一行、一举一动就会都合乎忠信笃敬的原则。

【原文】

15.8 子曰:"可与言而不与之言,失人;不可与言而与之言,失言。知①者不失人,亦不失言。"

【注释】

① 知:智慧,聪明。

【译文】

孔子说:"可以和他言,我却不言,就失了人;不可以和他言,我却和他言,就失了言。聪明的人,不失人,也不失言。"

【文义解析】

本章讲知人和言语之间的关系。

智者不会失人,也不会失言,其间有一个合适的度。孔子讲究说话的对象,遇到该说的人就说,否则就会失人;遇到不该说的就别说,否则就是失言。在《论语》中,还有与此道理相同的话语:"言未及之而言谓之躁,言及之而不言谓之隐,未见颜色而言谓之瞽。"

【原文】

15.9 子曰:"志士仁人,无求生以害仁,有杀身以成仁。"

【译文】

孔子说:"一个志士仁人,不为求得生命安全而损害仁道,只有宁愿牺牲生命来成全仁道。"

【文义解析】

本章中,孔子给"志士仁人"做了明确的注解,认为"志士仁人"要有献身理想的勇气和愿望。

孔子重生保身,不主张轻易损害生命。但生命诚可贵,仁义价更高,当面对"仁"时,在国家生死存亡的关键时刻,不应苟且偷生,而应挺身而出,不怕为国献身。因为"仁"是最高的道德境界,是比肉体生命更宝贵的精神生命。

【原文】

15.10 子贡问为仁。子曰:"工①欲善其事,必先利其器。居是邦也,事其大夫之贤者,友其士②之仁者。"

【注释】

① 工:工匠。

② 士:《论语》中的士有不同的含义。一是指有修养的人。二是指有社会地位的人。此处的"士"与"大夫"并用,指的是已经做官但地位低于大夫的人。西周以后,诸侯国中有国君、卿、大夫、士四级官职。

【译文】

子贡问为仁的方法。孔子说:"工匠要做好他的工作,必先快利他的工具。居住在这个国家,就要奉事该国大夫中的贤人,结交那些士人中的仁人。"

【文义解析】

"工欲善其事,必先利其器",这句话历来被广泛引用,也成为做事的规律。而当初,孔子却是用它比喻事奉贤者,结交仁者,以此作为成就仁德推行仁道的方式。

仁,是人与人的相处之道。仁德在人群中经熏陶磨砺而成,有德之后才能善其事,就像工人先有利器后成其业。

志士仁人明白自己担负着推行仁道于天下的重任,就知道集合贤人的力量,形成推行仁道的工具,应用这种利器来推行仁道。

【原文】

15.12 子曰:"人无远虑,必有近忧。"

【译文】

孔子说:"一个人没有长远的考虑,一定会有近在眼前的忧患。"

【文义解析】

孔子的这句话,早被后人当成了成语并广泛使用,它是一种有益的思想方法,具有重要的价值。

从长计议,远虑是一种良好的思维习惯。就做人而言,它能提醒人们不断超越自己,最终走向大人之道;就做事而言,它能提醒人们高瞻远瞩,树立远大目标,成就终生大业。

【原文】

15.14 子曰:"躬自厚①而薄责于人,则远怨矣!"

【注释】

① 躬自厚:其后省略一"责"字。躬自,亲自之意。厚与薄,指责备的轻重多少。

【译文】

孔子说:"多责备自己,少责备别人,就可远离怨恨了。"

【文义解析】

本章中,孔子提出了做人的原则和共事的要求:严于律己,宽以待人。

人人都会犯错，几乎人人都对自己过于宽恕，对他人过于苛责，这是不可取的。正确的做法是严格要求自己，多批评自己，宽松对待他人，少责备他人。这样，就不会怨恨别人，别人也不会怨恨你。

【原文】

15.16 子曰："群居终日，言不及义，好行小慧①，难矣哉！"

【注释】

① 慧：智慧，聪明。

【译文】

孔子说："整天同大家聚在一起，说没有道理的话，喜欢逞使小聪明，这种人真难教导！"

【文义解析】

千百年来，这种现象屡见不鲜：人们无所事事，扎堆成群，或者谈论利益得失，或者互相逗笑取乐，说话没有充实的内容，也没有积极的意义。

与凡夫俗子不同，君子有其自己的生活方式和处世之道。他们既能群英聚会，也能离群索居；既能彼此交流，探讨道义，也可独自思索，丰盈心灵。

【原文】

15.17 子曰:"君子义以为质①,礼以行之②,孙以出之,信以成之。君子哉!"

【注释】

① 质:实质,本质。
② 之:三个"之"字均指义。

【译文】

孔子说:"君子把义当作他行事的本质,依礼节实行它,用谦逊的语言表达它,用诚信完成它。这真是君子呀!"

【文义解析】

本章讲的是君子的四条行为准则。

在这四者当中,义是行事的本质,是一个人思想行为的核心。礼是运行的载体,靠它来维护和执行义。谦逊是表达义的合适态度。诚信是完成义的品质保障。

【原文】

15.21 子曰:"君子求诸己,小人求诸人。"

【译文】

孔子说:"君子求之于自己,小人求之于别人。"

【文义解析】

人无欲则刚。无欲的意思不是清心寡欲,而是没有私欲,无求于人。

君子正人先正己，总能在自己身上找到错误和不足，其用功的方向和目标均在提升自己的学问道德，而不是去苛求别人，为自己开脱。

小人与君子是完全不同的方法和路线，与此正好相反。

【原文】

15.22 子曰："君子矜①而不争，群而不党②。"

【注释】

① 矜：庄敬。

② 党：（古时意为）由私人利害关系结成的小集团。

【译文】

孔子说："君子庄敬自守而与人无争，合群相聚而不结党营私。"

【文义解析】

本章说明孔子的为人之道：自尊、自立、仁爱、正直。

矜而不争，是庄敬自尊，不为外物所惑，不为名利所累。君子持中守正，追求道义，于外物无所求，于他人无所争。

群而不党，是与师友同群，与民同群，可以相互学习，可以相互进步，也可以相互愉悦。但是不以私利相勾结，不拉帮结派，不搞小圈子、小集团，不因私废公。

【原文】

15.23 子曰："君子不以言举①人，不以人废言。"

【注释】

① 举：举荐。

【译文】

孔子说："君子不因为一人的说话（好）便举荐那一人，也不因为一个人不好而不理睬他说的话。"

【文义解析】

本章论述怎样对待人以及他说的话。

推举人要以品德为首，以实绩为重，而不是选择那种能言善辩、巧言令色、溜须拍马的人。但是也不能因为那一个人有缺点，有毛病，不被喜欢，而不理睬他的好言语、好建议。

【原文】

15.24 子贡问曰："有一言①而可以终身行之者乎？"子曰："其恕乎！己所不欲，勿施于人。"

【注释】

① 一言：在古代汉语中，一言就是一个字。

【译文】

子贡问道："有没有一个字可以终身奉行它呢？"孔子说："大概是'恕'吧！自己不想要的任何事物，就不要施加给别人。"

【文义解析】

孔子认为，"恕"是一个人可以终身奉行的处世原则。

恕，就是以自己为尺度和参照，自己所不想的事情，就不强加到别人的身上。能够将心比心，推己及人，给人理解和宽容，设身处地地为他人着想。

恕道，为每个人所接受，可以说是放之四海而皆准，具有普世意义和永恒价值。

【原文】

15.27 子曰："巧言乱德。小不忍，则乱大谋。"

【译文】

孔子说："花言巧语可以乱人之品德。小处不能忍，便乱了大计谋。"

【文义解析】

"小不忍则乱大谋"后来成为做大事者的人生信条，极大地扩展了人们的心胸。

孔子曾说过"巧言令色鲜矣仁"，此处又说巧言足以乱己德。可见巧言就是佞语，它能够搅乱人的道德，膨胀个人私欲，让人忘掉本性之善，违背个人品德和社会公德。巧言不仅动听，而且具有巨大的鼓动和迷惑作用。轻信之后，就会迷失自我，草率臆断，逞一时之能，行匹夫之勇和妇人之仁，小处不能克制自己，扰乱既定的谋划和部署，痛失全局。

所以说，目光长远、目标坚定、心胸开阔、善于忍耐、顾全大局是成大事者必备的内在品质。

【原文】

15.30 子曰:"过而不改,是谓过矣!"

【译文】

孔子说:"有了错误而不改正,这个错误便真叫作错误了。"

【文义解析】

人非圣贤,孰能无过?过而能改,善莫大焉。

每个人都会犯错,但是有的人可以在错误中深入反思,及时查找并消除错误产生的根源,就可改错归正。而有些人明知有过,却固执己见,自以为是,就无法改正自己的错误。更有甚者,明知有错不认错,还以更大的过错来遮掩以前的过错,这可谓是错上加错,一错再错。

明代心学大师王阳明说:"人不贵于无过,而贵于能改过。"也说明勇于改过自新是一种值得尊重和钦佩的行为。

【原文】

15.31 子曰:"吾尝①终日不食,终夜不寝,以思,无益,不如学也。"

【注释】

① 尝:曾经。

【译文】

孔子说:"我曾经整天不吃饭,整夜不睡觉,去想,总是无益处,不如去学习为好。"

【文义解析】

孔子说过:"学而不思则罔,思而不学则殆",本章重点阐释"思而不学则殆"。

人的学习主要有两种方法:第一种是亲身实践后获得直接的身心体验,为直接经验。第二种是向他人学习,借鉴他人经验,为间接经验,这是最主要的学习方法,是人们思考的前提和基础。失去了学习和实践的思考,是无源之水、无本之木,最后只能徒劳无益,空手而归。

【原文】

15.34 子曰:"君子不可小知①而可大受也,小人不可大受而可小知也。"

【注释】

① 小知:从小事上察觉。
② 大受:承担重任,委以重任。受,被委任,任用。

【译文】

孔子说:"君子不可以从小事情上察知他,但可以接受大任务。小人不可以接受大任务,但可以从小事情上察知他。"

【文义解析】

君子，凡事义字当头，大公无私，讲究原则，强调整体。有时对局部细节和个人私利都置之不顾、考虑不周，因此不能从小处察知他。

小人，凡事利字当头，自私自利，不讲原则，只讲个人利害得失而不顾及整体利益，将一己之私考虑得周全完备，因此从小处就可察知他。

因为有这样的差别，所以君子可以担当大任，虽然在小事上未必可观。小人不可担当大任，虽然在小事上可能有点长处。

《淮南子》中说："譬犹狸之不可使搏牛，虎之不可使搏鼠也。"就很形象地说明了这个道理。

【原文】

15.36 子曰："当仁，不让于师。"

【译文】

孔子说："面临着仁德之事，即便是老师，也不必和他谦让。"

【文义解析】

这章也是孔子的经典名言，为那些积极进取、追求上进、力行仁道的人增添了精神动力。

仁，是君子的终极追求。孔子要求，一旦需要行仁，就毫不退缩，要勇往直前，即使在老师前面，也不必和他谦让。亚里士多德说："吾爱吾师，吾更爱真理。"也是类似的表达。

当仁不让，其实也就是见义勇为。

名家品评论语

最重要的是,孔子赋予"仁"新的意义,此一概念后来变为中国哲学的核心问题。后来有关理气问题的讨论,可说都是为了有助于人如何体仁。甲骨文中未发现"仁"字,孔子前的典籍中,也只是偶一见之,且其意都是指特殊的慈爱之德性,尤其是统治者与臣属间的慈爱。然而至孔子时,这些意义乃大为转变。首先,"仁"成为孔子谈论时的主题,在《论语》中"仁"出现次数共达105次。其他的主题,甚至包含孝道在内,都未曾受到孔子师生如此的注目。尤有甚者,他不像古人将"仁"视作一特殊的德目,而是将之转化成总德。当然,在少数的例子中,孔子仍将仁当成一特殊的德目,其意如同慈爱。但在大多数的例子里,孔子认为仁人即是完人,即是真正的君子,即是金律之人,因为仁者"己欲立而立人,己欲达而达人"。为仁要经由"忠"与"恕",方可达成社会与个人之和谐融洽。此是贯穿孔子说训之线索,本质上它既是金律,同时也是行仁之最佳途径。

—— 陈荣捷《孔子的人文主义》

【原文】

15.38 子曰:"事君,敬其事而后其食①。"

【注释】

① 食:食禄,俸禄。

【译文】

孔子说:"事奉君上,先要认真工作,把领取俸禄的事放在后面。"

【文义解析】

事君之道,尽职在先,俸禄在后。

君子重义而轻利,无功不受禄,有功也不居功邀赏,讨价还价。首先应对待工作恪尽职守,诚敬付出,然后再谈俸禄问题。

【原文】

15.40 子曰:"道①不同,不相为谋。"

【注释】

① 道:意思有两种,一是道路,二是主张。

【译文】

孔子说:"道路(主张)不同,无法互相谋虑。"

【文义解析】

人类中,信仰是最容易引起争论的问题,但确是最不能讨论的问题。道不同,就是根本原则不同,信仰不同,思想不同,主张不同,从而也就方法不同，言语不同，行动不同，因此无法相谋，甚至渐行渐远，反目成仇。

俗话说"彼此三观不合，难以共同生活"，也是这个道理。

季氏篇 · 第十六

【原文】

16.4 孔子曰:"益者三友,损者三友。友直,友谅①,友多闻,益矣。友便辟②,友善柔③,友便佞④,损矣。"

【注释】

① 友谅:与守信的人为友。友,与……为友,结交。谅,诚信。

② 便辟:音 pián pì,习于外在的仪容,而内在不够诚实。与"谅"正相反。

③ 善柔:面善态柔,指以和颜悦色骗人。与"直"正相反。

④ 便佞:音 pián nìng,巧言多辩却没有学问。与"多闻"正相反。

【译文】

孔子说"有益的朋友有三种,有损的朋友有三种。和正直的人为友,和守信的人为友,和见闻广博的人为友,便有益了。同惯于装扮仪容而不诚实的人为友,同面善态柔而不正直的人为友,同巧言多辩的人为友,便有害了。"

【文义解析】

孔子非常重视交友,特别讲究交友之道。

孔子数次提到"无友不如己者",本章又总结出有益的朋友有三种,有害的朋友有三种,其目的在于选择好交友对象,通过远离有害者,亲近有益者,来完成对自己的学问提升和人格塑造。

这样的择友标准正确而清晰,对现代人的交往处世依然有着十分重要的价值。

【原文】

16.5 孔子曰:"益者三乐①,损者三乐。乐②节礼乐③,乐道人之善,乐多贤友,益矣。乐骄乐④,乐佚游⑤,乐宴乐⑥,损矣。"

【注释】

① 乐:快乐。
② 乐:以……为乐,喜欢。
③ 节礼乐:节,有节制。乐,音 yuè。
④ 骄乐:骄纵不知节制的乐。
⑤ 佚游:放纵,游荡而无节制。佚,通"逸"。
⑥ 宴乐:闲情安居,淫溺之乐。

【译文】

孔子说:"对人有益的快乐有三种,对人有损的快乐有三种。喜欢把自己节制于礼乐中,喜欢称道别人的好处,喜欢多交贤友,这是有益的。喜欢骄纵无节制的快乐,喜欢放纵游荡,喜欢安逸淫溺的快乐,这就有害了。"

【文义解析】

追求快乐,是人之常情,然而快乐也有损益之分。

本章孔子给出了他的快乐观,说明了哪些快乐是有益的,哪些快乐是有害的。从中可以看出,那些能帮助自己提高道德修养的快乐是有益的快乐;那些注重感官享受,无助于品德修养的快乐都是有害的。孔子这种积极健康的快乐观,对于人们交友、工作和生活都大有裨益。

【原文】

16.6 孔子曰:"侍于君子有三愆①:言未及之而言谓之躁②,言及之而不言谓之隐,未见颜色而言谓之瞽③。"

【注释】

① 愆:过失。
② 躁:急躁。
③ 瞽:盲人。

【译文】

孔子说:"侍奉君子,说话有三种过失。没轮到他说话,却说了,叫作急躁。轮到他说话了,却不说,叫作隐瞒。不看君子的脸色便贸然说话,叫作盲目。"

【文义解析】

本章中讲侍奉君子时的"三愆"。其实在日常生活中,这三种过失也存在于普通人身上。改之,对每个人都有百利而无一害。

语言是一门艺术,讲话要分对象、时机和场合,还要适度有分寸。要说好话并不是一件很容易的事,这需要长久的理论学习和实践锻炼。说话水平的高低,体现了人的沟通艺术和文化素养的高低。

【原文】

16.7 孔子曰:"君子有三戒:少之时,血气①未定,戒之在色;及其壮也,血气方刚②,戒之在斗;及其老也,血气既衰,戒之在得③。"

【注释】

① 血气：元气，精力。

② 方刚：方，正。刚，强劲。

③ 得：贪得。

【译文】

孔子说："君子应有三戒。少年时血气未定，应当戒在好色上。壮年时，血气正强劲，应当戒在好斗上。年老了，血气已衰弱，应戒在贪得上。"

【文义解析】

孔子根据人在少年、中年、老年这三种不同阶段气血的特点，分别提出了君子修身养性的要点。在这三件需引以为戒的事情中，尤其是少年戒色，不仅要外无其行，而且要内无其心，因为这直接影响人一生的身体发育、思想行为和功业成就。

中国古人认为贪欲、好斗等行为特点，都和人的血气有关。希腊伟大医学家希波克拉特主张人的气质行为由体液决定，他于公元前五世纪提出"气质体液说"。该学说认为人体内有血液、黏液、黄胆汁和黑胆汁四种液体，它们在人体内比例的不同，分别形成了抑郁质、胆汁质、黏液质和多血质四种类型的气质，这四种气质的人具有不同的行为特点。现代医学则认为，人的贪欲、好斗等行为与人体内的雄性激素和肾上腺素有关。

=== 名家品评论语 ===

孔子精神是由社会到个人的。他觉得只要社会建造好了，其中的个人不会不好。他侧重社会，他因此把个人受拘束于社会之中，他告诉弟子们："毋意，毋必，毋固，毋我。"这都是教人牺牲个性，以适应美的生活的。他告诉人："敏于事而慎于言。"他告诉人："泛爱众而亲仁。"他告诉人："宴平仲善与人交，久而敬之。"这都是指示人如何可以过一种人与人相安的生活，而不会搅乱社会的和平的。他的志愿是："老者安之，朋友信之，少者怀之。"

——李长之《李长之批评文集》

　　孔子品格的动人处，就在他的和蔼温逊，有他对弟子说话的语气腔调就可清清楚楚看得出。《论语》里记载的孔子对弟子的谈话，只可以看作一个风趣的教师与子弟之间的漫谈，其中偶尔点缀着几处隽永的警语。以这样的态度去读《论语》，孔子在最为漫不经心时说出的一言半语，那才是妙不可言呢！比如说，我好喜欢下面这一段：一天，孔子和两三个知己的门人闲谈时，他说："你们以为我有什么话不好意思告诉你们两三个吗？说实在话，我真的没有什么瞒你们的，我孔丘生性就是这种人。"

——林语堂《孔子的品格》

【原文】

16.8 孔子曰:"君子有三畏①:畏天命②,畏大人③,畏圣人之言。小人不知天命而不畏也,狎④大人,侮⑤圣人之言。"

【注释】

① 畏:敬畏。
② 天命:上天的意志,自然的规律。
③ 大人:地位高的人。
④ 狎:轻视。
⑤ 侮:轻侮。

【译文】

孔子说:"君子有三种敬畏之事:敬畏天命,敬畏地位高的人,敬畏圣人的话。小人不懂得天命,因而不知道敬畏;不尊重地位高的人;轻侮圣人的话。"

【文义解析】

有所敬畏,是一个君子必须具备的态度和素养。

孔子在本章中讲了君子的三畏。畏天命,就是对自然规律和社会法则有所敬畏。天命先于我们而存在,不以人的意志为转移,顺之则吉,逆之则凶。畏大人是对有德有位者的敬畏。大人身居高位,着眼大局,利国为民,敬畏他们,是敬人以正己。畏圣人之言,是因为先圣的话指出了人生正道,具有永恒的道理,发人深省且极具价值,一旦违背它就可能误入歧途。

==== 名家品评论语 ====

均以输贫，和以济寡，安以扶倾，这是孔子"拨乱世"的具体方针。孔子认为，富则易骄易暴，贫则易忧易盗，国家的不安，就是由这富贫众寡的不均所致。解决的办法，除了要求"大人"和"小民"各自克己，以求达到"富而无骄"、"富而好礼""贫而无谄""贫而乐道"外，为政的人还应该设法"均"之"和"之。

——庞朴《论孔子的思想中心》

【原文】

16.9 孔子曰："生而知之者，上也；学而知之者，次也；困而学之，又其次也；困而不学，民斯为下矣。"

【译文】

孔子说："生来就知道的，是最上等。学了才知道的，是次一等。遇到困难后，再去学习的，是再次一等。遇到困难而不学习，这种人就是下等人了。"

【文义解析】

孔子品评人物，按学习态度和知识追求将人分为四等。

"生而知之"是天生聪明，不学就会，是第一等。"学而知之"是由后天积极学习获得知识，是第二等。孔子不承认自己是天生的圣人，多次说他是"学而知之"者。"困而知之"是遇到困惑，没办法才去学习，是第三等。"困而不学"是遇到困惑也不去学习，这种人是愚顽之人，不思进取，不可救药，是第四等。

从本章可以看出，获取知识没有捷径，学习是唯一的方法。不学，则只能身处认知、文化、思想和社会的下层。

【原文】

16.10 孔子曰："君子有九思：视思明，听思聪，色思温，貌思恭，言思忠，事思敬，疑思问，忿思难①，见得思义。"

【注释】

① 忿思难：忿，音fèn，发怒，生气。难，音nàn，后患。

【译文】

孔子说："君子有九种考虑：看的时候，考虑看明白了没有；听的时候，考虑听清楚了没有；脸上的颜色，考虑温和么；容貌态度，考虑恭敬么；说话言语，考虑忠诚么；对待工作，考虑严肃认真么；遇到疑问，考虑到向人家请教；发怒时，要考虑有什么后患；看到可得的，要考虑是否合适得当。"

【文义解析】

孔子重视学，也重视思。本章中从九个方面讲明了"思"的结果，或者说是要求，分别从言行举止等方面系统讲解了道德规范标准。

【原文】

16.11 孔子曰:"'见善如不及①,见不善如探汤②'。吾见其人矣,吾闻其语矣。'隐居以求其志,行义以达其道。'吾闻其语矣,未见其人矣。"

【注释】

① 不及:赶不上。
② 探汤:手指伸进沸水中。

【译文】

孔子说:"'看见善的,努力追求,好像赶不上似的。看见不善的,立即远离,像把手伸入沸水中似的。'我看见这样的人,也听见这样的话。'避世隐居以求保全他的志向,依义而行以贯彻他的主张。'我听过这样的话,没有见过这样的人。"

【文义解析】

"见善如不及,见不善如探汤",说的是在利害面前,人们很容易做出自己的选择。趋利避害,是常人普遍的选择方式。

"隐居以求其志,行义以达其道",说的是在乱世时隐居,保全志向,等治世来临,就履行道义,推行仁道。这种人是圣贤之人,寥若晨星,百年不遇,所以孔子说只听过,没见过。

阳货篇 · 第十七

【原文】

17.2 子曰:"性相近也,习相远也。"

【译文】

孔子说:"人的天性是相近的,因为习染不同而使人与人之间差距变远了。"

【文义解析】

性,是先天的人格品质;习,是后天的学习塑造。

本章中,孔子道出了后天教育内容和育人环境对人的影响。由于这两者的不同,造就了教育结果的不同,产生了人与人之间的差异。

《中庸》中第一句话就说:"天命之谓性,率性之谓道,修道之谓教。"意思是上天赋予人善的本性,保持人的善性行事叫作道,有时人的行为需要修正归善,这就叫作教。将这句话与本章相联系,就可以看出后天教育的重要性和孔子尊师重教的思想。

【原文】

17.3 子曰:"唯上知与下愚不移。"

【译文】

孔子说:"只有上等的智者和下等的愚者是不可改变的。"

【文义解析】

孔子将人分为四等:生而知之者;学而知之者;困而知之者;困而不学者。本章中的上知,就是生而知之者,下愚就是困而不学者。

生而知之者，是先天的圣人，不会因后天环境因素而改变自己。困而不学者，教育和熏陶等后天环境因素无法改变他。学而知之者和困而知之者是两种中等的人，均可由后天的努力由愚变智。

【原文】

17.6 子张问仁于孔子。孔子曰："能行五者于天下，为仁矣。"请问之。曰："恭、宽、信、敏、惠。恭则不侮①，宽则得众，信则人任焉，敏则有功，惠则足以使人。"

【注释】

① 不侮：不受人侮慢。

【译文】

子张向孔子问仁。孔子说："能够在天下实行五种美德，便是仁了。"子张问："请问是哪五种。"孔子说："恭敬、宽厚、诚信、勤敏、慈惠。能恭敬，就不被人侮慢。能宽厚，就会得到大众的拥护。能诚信，就会得到别人的信任。做事勤敏，就会获得成功。能慈惠，就能使唤人。"

【文义解析】

孔子高度重视"仁"，"仁"字在《论语》中共出现了105次，它不仅是道德修养的最高境界，也是政治的最高原则。

本章中子张所问的是怎样实施仁政，孔子从"恭、宽、信、敏、惠"五个方面对实施仁政做出了回答，从中也可以看出孔子提倡"仁政"、反对"暴政"的思想。

【原文】

17.8 子曰:"由也,女闻六言①六蔽矣乎?"对曰:"未也。""居!吾语女②。好仁不好学,其蔽也愚;好知不好学,其蔽也荡③;好信不好学,其蔽也贼④;好直不好学,其蔽也绞⑤;好勇不好学,其蔽也乱⑥;好刚不好学,其蔽也狂⑦。"

【注释】

① 六言:六个字,指"仁""知""信""直""勇""刚"六种美德。
② 居,坐。
③ 荡:放而无归,无所适守。
④ 贼:伤害。
⑤ 绞:急切。
⑥ 乱:犯上作乱。
⑦ 狂:狂妄抵触人。

【译文】

孔子说:"仲由!你听过六言六蔽的说法吗?"子路答道:"没有。"孔子说:"你坐下!我告诉你。爱好仁德,却不爱好学习,它的弊病就是愚蠢。爱好聪明,而不爱好学习,它的弊病就是流荡无归守。爱好诚信,而不爱好学习,它的弊病就是易被伤害。爱好直率,而不爱好学习,它的弊病就是急切不同情。爱好勇敢而不爱好学习,它的弊病就是易犯上作乱。爱好刚强,而不爱好学习,它的弊病就是狂妄抵触人。"

【文义解析】

　　仁、智、信、直、勇、刚是人性之善，是好的品德，但如果不加以学习，就会有弊端产生，从而走向美德的反面，带来不良后果。孔子在此强调了学习的重要性，要求通过学习使人的美德达到无过无不及、不偏不倚、恰到好处的理想境界，也就是个人品行修养的"至德"境界——中庸。

【原文】

　　17.23　子路曰："君子尚勇乎？"子曰："君子义以为上。君子有勇而无义为乱，小人有勇而无义为盗。"

【注释】

　　① 尚：以之为上。

【译文】

　　子路说："君子看重勇敢吗？"孔子说："君子是看重义的。君子有勇没有义，就会犯上作乱。小人有勇而没有义，就会成为盗匪。"

【文义解析】

　　仁、智、勇三者是君子的基本素养。孔子反对有勇无义，强调君子以义为质，把勇建立在道义的基础上，勇是为伸张正义服务的，是用来推行仁义礼智信的。

　　子路好逞勇力，所以孔子告诫他要以义为重。

微子篇 · 第十八

【原文】

18.10 周公①谓鲁公②曰："君子不施③其亲,不使大臣怨乎不以④。故旧无大故⑤,则不弃也。无求备于一人。"

【注释】

① 周公:周武王的弟弟周公旦,姬姓,名旦。辅政成王,平定三监之乱,是西周初期杰出的政治家、思想家、军事家。

② 鲁公:周公之长子。当时周公受封鲁国,但因其在镐京辅佐周成王,故派长子伯禽代其受封鲁国,伯禽遂成鲁国第一任国君。

③ 施:通"弛",忘弃。

④ 怨乎不以:埋怨不被信用。不以,不用。

⑤ 大故:大过错,大恶逆。

【译文】

周公对鲁公说:"君子不疏远他的亲族,不使大臣怨恨没有被任用。故旧朋友如果没有大的过错,就不要抛弃他们。不要对一个人求全责备。"

【文义解析】

这是伯禽代父受封鲁国国君的时候,父亲周公对他的告诫之语,说的是用人的四条原则。

怎样留住人才?选贤任能是领导的工作重心,也是留住人才的主要方法。人才的重要作用体现在"人存政兴,人亡政息"的政策存亡表象上,但是真正的人才不仅能够做到"人存政兴",更能做到"人亡政不息",能在离开岗位之后使他制定的政策、法规、制度依然具有持久的生命力,不断造福于人。

但是任何一种措施都会具有两面性,本文的用人四原则在提出了用人良策的同时，其重视亲情故旧的行为也让个别特权领导产生了当今法制社会所不容许的"裙带"关系和"庇荫"现象。

子张篇 · 第十九

【原文】

19.3 子夏之门人问交①于子张。子张曰:"子夏云何?"对曰:"子夏曰:'可者与②之,其不可者拒之。'"子张曰:"异乎吾所闻:君子尊贤而容众,嘉善而矜③不能。我之大贤与,于人何所不容?我之不贤与,人将拒我,如之何其拒人也?"

【注释】

① 问交:问交友之道。
② 与:相与,交往。后面的两个"与"字是语气词,无实在意义。
③ 矜:同情,怜悯。

【译文】

子夏的门人向子张问交友之道。子张说:"子夏说了些什么?"门人对道:"子夏说:'可以和他交友的,就和他交友,不可以和他交友的,就拒绝他。'"子张说:"我所听到的与此不同:君子尊敬贤人也宽容众人,嘉许善人,也怜悯无能的人。如果我是个大贤人,对人有什么不能容的呢?如果我自己不是贤人,别人会拒绝我,我怎能去拒绝别人呢?"

【文义解析】

子夏讲究个人修养,性清高孤傲,待人苛,故教门人交友要有区别和选择。子张善交往,雍容大度,不拘小节,待人宽,故觉得交友要宽容、广泛。

子夏与子张的"交友之道",均闻于老师孔子,但两种做法截然不同,这正体现了孔子因材施教的特点:孔子的话一般都是针对学生的不同特点,同样的问题经常给予不同的答案。

子张篇·第十九

【原文】

19.5 子夏曰:"日知其所亡①,月无忘其所能,可谓好学也已矣。"

【注释】

① 亡:通"无"。

【译文】

子夏说:"每天能知道所不知道的,每月不忘了所已能的,可以说是好学了。"

【文义解析】

本章讲的是在学习上要下功夫和下功夫的方法。

学习不能一蹴而就,而是要持之以恒,不断积累,这样才有可能取得成就。子夏的心得就是每天要有新的认识,及时总结,温故而知新。文中的"月无忘其所能"是"温故","日知其所亡"是"知新",这是一种基本的也是很有效的学习方法。

【原文】

19.8 子夏曰:"小人之过也必文①。"

【注释】

① 文:文饰。

【译文】

子夏说:"小人有了过失,一定把它来文饰。"

【文义解析】

君子闻过则喜，小人文过饰非。

小人心胸狭窄，爱慕虚荣，做事讲脸面而不求务实。因此在其犯错后会担心别人发现他的错误，一旦被发现也不去承认和改正，甚至是用另一种错误来掩饰以前的错误。这样就一错再错，无法改过。

名家品评论语

孔子对子夏说，"汝为君子儒，毋为小人儒"。（此所谓君子小人，与"小人哉樊须也"之小人同义，彼谓稼圃为小道末艺，非治国平天下的大道，此谓小人儒为习于礼、乐、射、御、书、数的小儒，非以礼教治国安民的君子儒。）这正是说礼之义不在礼节仪文之末，君子儒不以六艺多能为贵，所以孔子以后的礼和儒，都有特殊的意义，儒是以礼治国的人，礼是君权、父权、夫权三纲一体的治国之道，而不是礼节仪文之末。不懂得这个，便不懂得孔子。

——陈独秀《孔子与中国》

【原文】

19.13 子夏曰："仕而优则学，学而优则仕。"

【注释】

① 优：有余力。

【译文】

子夏曰:"做官了,有余力就去学习;学习了,有余力就去做官。"

【文义解析】

这段关于"学与仕"关系的话,概括了孔子的教育方针和办学目的,后来成为中国文化一个核心理念,也成为中国历史上最重要的传统思想之一。

学,是君子之学、大人之学,是尧舜禹汤文武周公一脉相承的正人正己的学问。仕,是正人正己的实践,是对学的推广,是为了在天下推行道义。不管是学还是仕,都是为了弘扬光明的道德,让大道畅行于天下,而不是为了依学取仕,升官发财。

【原文】

19.21 子贡曰:"君子之过①也,如日月之食②焉:过也,人皆见之;更③也,人皆仰之。"

【注释】

① 过:过失。
② 食:通"蚀"。
③ 更:改。

【译文】

子贡说:"君子的过失,好像日蚀、月蚀:他犯错误的时候,每个人都看得见;他改错的时候,每个人都仰望着。"

【文义解析】

人不贵于无过，而贵于改过。

君子也会有过，但不会文过饰非，所以人们能够见到它。君子闻过则喜，坦诚认错勇于及时改正，所以才成为君子。

本章用比喻的方法，讲明君子过失像日蚀、月蚀，有过失而不担心别人看见，等他改正后，人们会更加尊敬、爱戴他。

【原文】

19.23 叔孙武叔①语大夫于朝，曰："子贡贤于仲尼。"子服景伯②以告子贡。子贡曰："譬之宫墙③，赐之墙也及肩，窥见室家之好。夫子之墙数仞④，不得其门而入，不见宗庙⑤之美，百官⑥之富。得其门者或寡矣。夫子之云，不亦宜乎！"

【注释】

① 叔孙武叔：鲁国大夫，出于叔孙氏家族，武是他的谥号，叔是他兄弟间的排行。在中国古代兄弟行辈长幼排行的次序中，伯（孟）是老大，仲是老二，叔是老三，季是老四。其中，伯为嫡长，即正妻所生的长子；孟为庶长，即为偏室所生的长子。

② 子服景伯：名何，子服是氏，即子服何。景是谥号，伯是字。鲁国大夫。

③ 宫墙：宫墙，就是围墙。宫，也是墙。古代宫指四周，殿是屋室。

④ 仞：七尺为一仞。也说八尺为一仞，或者五尺六寸为一仞。

⑤ 宗庙：天子或诸侯祭祀祖宗的专用房屋。

⑥ 官：通"馆"，音 guǎn，本义为房舍，后引申为"官职"之义。

【译文】

叔孙武叔在朝廷上对官员们说:"子贡比仲尼更强一些。"子服景伯把此语告诉了子贡。子贡说:"拿房屋的围墙作比喻吧!我家的围墙只有肩膀那么高,人们都可以探望到房屋里的美好。我老师的围墙有好几丈高,找不到大门进去,就看不到里面宗庙的雄伟、房舍的多种多样。能够找到大门的人,该是太少了!那么,武叔他老人家的话,不也是自然的吗?"

【文义解析】

本章表明孔子学问高深,知识渊博,思想伟大。同时也说明了子贡对老师的拥护和敬仰。

子贡作为外交家,能言善辩,具有极高的语言艺术。本章中他用非常精准的设喻类比,变难为易,化抽象为具体,把孔子的学问思想之广大生动形象地表现出来,并给贬低孔子的人以有力的回击。那些妄言孔子不贤的人,是不见圣人之智的人,他们并不能来作证圣人之无智,只能反证出自己的无知和不察。

==== **名家品评论语** ====

孔子的门墙之内广阔得几乎无所不包,各式各样的学生都有,据说,每个弟子在学问上之所得,都只是孔子的一部分。后来,曾子、子思、孟子这个传统,发展成为儒家道统理想哲学的一面。而子夏、荀子的儒学则顺着史学及学术的路线发展下去。正像基督教中圣约翰发展了耶稣教义的理想一面,当然其中也加上了圣约翰自己本人的一部分思想。所以,我们在《中庸》一书中,可以看出,曾子把《中庸》里的哲学、人道精神与中和诸重要性,予以发展引申了。

—— 林语堂《孔子的智慧》

【原文】

19.24 叔孙武叔毁仲尼。子贡曰:"无以为也①!仲尼不可毁也。他人之贤者,丘陵②也,犹可逾③也;仲尼,日月也,无得而逾焉。人虽欲自绝,其何伤于日月乎?多见其不知量也④!"

【注释】

① 无以为也:不要这样做。以,此,这里做副词用。
② 丘陵:丘,土高为丘。陵,大土山为陵。
③ 逾:音 yú,跨越。
④ 多见其不知量也:多,与"只"相同。见,表露。

【译文】

叔孙武叔毁谤仲尼。子贡说:"不要这样做!仲尼是不可毁谤的。他人的贤能,好比丘陵,还可以跨越过去;仲尼犹如日月,无法再跨越过去。一个人纵使要自绝于日月,那对日月有什么伤害呢?只是表露他不自量而已。"

【文义解析】

天不生仲尼,万古如长夜。

如果没有孔子对于中华文化的巨大贡献,后世将无法得到文化和精神上的光明。孔子在世时,就被人们称为圣人,受到弟子的尊崇和敬仰。其中子贡是最为尊崇孔子的一个,当他听到有人诋毁老师时,就设身处地地为老师辩护正名。

本章同样可见子贡天马行空、所向披靡的语言艺术风格,寥寥数语就表现了他才华横溢,睿智过人。

尧曰篇 · 第二十

【原文】

20.2 子张问于孔子曰:"何如斯①可以从政矣?"

子曰:"尊五美,屏②四恶,斯可以从政矣。"

子张曰:"何谓五美?"

子曰:"君子惠而不费③,劳而不怨,欲而不贪④,泰而不骄,威而不猛。"

子张曰:"何谓惠而不费?"

子曰:"因⑤民之所利而利之,斯不亦惠而不费乎?择可劳而劳之,又谁怨?欲仁而得仁,又焉贪?君子无众寡,无小大,无敢慢,斯不亦泰而不骄乎?君子正其衣冠,尊其瞻视,俨然人望而畏之,斯不亦威而不猛乎?"

子张曰:"何谓四恶?"

子曰:"不教而杀谓之虐;不戒视成⑥谓之暴;慢令致期⑦谓之贼;犹之与人⑧也,出纳⑨之吝,谓之有司⑩。"

【注释】

① 斯:才,就。

② 屏:通"摒",音 bǐng,摒弃,除去。

③ 惠而不费:(君子)于民有惠,于己无费损。

④ 欲而不贪:欲,指欲仁欲义。黄侃《义疏》云:"欲仁义者为廉,欲财色者为贪。"

⑤ 因:就着,顺,依。

⑥ 不戒视成:不事先告诫而临时强要其成功。

⑦ 慢令致期:先为教令,但不督促及早实施,到最后时刻也无宽限,先缓后急,误其民而后刑其民,就是有意贼害其民众。

⑧ 犹之与人:就是"均之与人"。

⑨ 出纳：出，支出。纳，纳入。两个反义词连用在一起，在此只有"出"意而无"纳"意。

⑩ 有司：古代管事者之称，职务卑微。在句中意为"小家子气"。

【译文】

子张向孔子问道："怎样就可以从事政治呢？"

孔子说："尊崇五种美德，摒除四种恶政，这样就可以从事政治了。"

子张道："五种美德是些什么？"

孔子说："在上位的君子，给人民以恩惠，而自己却无所耗费；让百姓劳作，百姓却没有怨恨；自己欲仁欲义却不贪婪，安详舒泰却不骄傲；威严却不凶猛。"

子张说："怎样做才能给人民以恩惠，而自己却无所耗费？"

孔子说："依顺着人民能得利益之处就使他们获利，这不也是给人民以恩惠而自己却无所耗费吗？选择可以劳作的事来使人民劳作，又有谁来怨恨呢？自己想要仁德就得到了仁德，又有什么贪婪的呢？一个在上位的君子，不论对方人多人少，或大或小，都不怠慢他们，那不也是安详舒泰而不骄傲吗？君子衣冠整齐，瞻视尊严，庄严得使人望而生畏，这不也是威严却不凶猛吗？"

子张又问："那四种恶政又是什么呢？"

孔子说："不事先教导便加以杀戮叫作虐；不事先告诫便要其成功叫作暴；对于政令，先缓后急，突然到期又不宽限，这像是故意陷害，叫作贼；同是要给予人财物，出手吝啬，那就像有司一样小家子气。"

【文义解析】

本章讲为官从政的要领。

子张问从政的方法和态度，孔子说："能够尊崇五种美德，摒弃四种恶政，就有了从政的正确方法和态度。"文中的"尊五美，屏四恶"

是孔子"德政"主张的基本原则，其中包含的"以人为本"的思想影响了后世2000多年的中国封建社会政治史和文化史，具有极大的历史作用和现实价值。

名家品评论语

孔子的政治思想主要有三点：（1）为政以德；（2）君主集权；（3）反对个人独裁与大臣专权。他强调道德在政治上的作用，宣称"政者正也，子帅以正，孰敢不正"（《论语·颜渊》），要求统治者在道德上做出表率，这确实具有深刻的意义。孔子宣称："天下有道，礼乐征伐自天子出；天下无道，则礼乐征伐自诸侯出。"（《论语·季氏》）这是中央集权的思想，应该说是符合春秋战国的发展趋势的。以后孟子讲"定于一"（《孟子·梁惠王》），荀子鼓吹"天下为一"（《荀子·议兵》），都主张建立统一的中央集权，这种思想都可以说源于孔子。鲁定公问："一言而丧邦，有诸？"孔子回答："人之言曰：'予无乐乎为君，唯其言而莫予违也。'如其善而莫之违也，不亦善乎？如不善而莫之违也，不几乎一言而丧邦乎？"（《论语·子路》）反对"言莫予违"，也就是反对个人独裁。孔子认为，君主虽应有最高权力，但不应个人独裁；同时大臣亦不应专权，"天下有道，则政不在大夫"（《论语·季氏》）。这些思想，应该说都是符合当时历史发展要求的。

——张岱年《孔子与中国文化》

【原文】

20.3 子曰："不知命①，无以为君子也；不知礼②，无以立也；不知言③，无以知人也。"

【注释】

① 知命：即知天。知天之所以命生，知己所当然。
② 知礼：即知礼文。礼，指礼制、礼仪、礼俗等。文，指典章制度。
③ 知言：即知道分析言语，辨其是非善恶。

【译文】

孔子说："不懂得天命，就不能做君子；不懂得礼文，就不能立足于社会；不懂得分析言语，辨其是非善恶，就不能认知别人了。"

【文义解析】

命，含义丰富，大体可分为三层：第一层是生死寿夭，即性命之命，"死生有命"的"命"；第二层是穷达福祸，即命运之命，"富贵在天"的"命"；第三层是包括先天之命定和天赋之使命两方面，即天命的命。比如，我们生在地球上，生在中国，有这样的父母、兄妹是先天命定的，是不由人的意志为转移的，这就是先天之命定。人区别于动物，要讲究个人品德、家庭美德、职业道德和社会公德等，具有建设道德世界的责任，这种责任是天然赋予的道德使命，是每个人与生俱来的，这就是天赋之使命。

礼，是礼乐、礼法和礼俗，是国家典章制度、社会生活方式和个人行为规范的综合。

立，是立言、立德、立身、立功。由此可立于社会。

言，论辩思议之是非得失生于心而发于言。如不知其言，则不知其心，不知其心，则不知其人。

在本章中，孔子依次提出了君子立身处世的三个要点，即"知命""知礼""知言"，这是成为具有理想人格之君子的必由之路，也是成为一个成功领导的必备素养。

参考文献

[1] 思程. 全解论语 [M]. 北京：北京联合出版公司，2015.

[2]《线装经典》编委会. 说文解字 [M]. 昆明：云南出版集团，2018.

[3] 安睿. 说文解字 [M]. 北京：海潮出版社，2014.

[4] 钱穆. 孔子传 [M]. 北京：九州出版社，2018.

[5] 钱穆. 论语新解 [M]. 北京：三联书店，2018.

[6] 鲍鹏山. 孔子传 [M]. 北京：中国青年出版社，2017.

[7] 杨伯峻. 论语译注 [M]. 北京：中华书局，2017.

[8] 崔柏涛. 论语大义 [M]. 北京：中央编译出版社，2011.